18/24

Vital !

Docteur Frédéric Saldmann

Vital !

Albin Michel

Recommandations

Attention, les conseils prodigués dans ce livre ne remplacent pas une consultation chez votre médecin ou avec un spécialiste. Je ne prétends en aucun cas me substituer à un avis médical. Si, en particulier, vous ressentez des symptômes qui persistent, consultez votre médecin, le seul apte à vous délivrer un diagnostic, quel que soit votre état. Je vous rappelle le numéro des urgences : 112.

Aucune des informations et aucun des produits mentionnés dans ce livre ne sont destinés à déceler, traiter, atténuer ou guérir une maladie.

Pour ceux qui désirent en savoir plus, vous trouverez à la fin de cet ouvrage les références des études scientifiques correspondant aux conseils proposés. Quelques-unes ont été réalisées sur des quantités restreintes de populations et demanderaient à être complétées par des travaux de plus grande envergure. D'autres n'ont pour l'instant été conduites que chez l'animal, mais il faut garder à l'esprit que les médicaments sont d'abord testés chez la souris avant d'être étudiés chez l'homme. Dans la mesure où il n'y a aucun risque à appliquer les conseils découlant de ces recherches, vous pouvez les tester par vous-même afin de vous faire votre propre opinion. La personne la plus à même de savoir ce que vous ressentez, c'est vous !

Vital !

Forgez votre conviction pour déterminer ce qui vous est béné-fique. C'est la clé de votre bien-être.

Vous allez découvrir les nouveaux gestes santé qui guérissent, une autre force du mental qui soigne. Vous le sentirez au fil des pages, ce livre parle de vous et je l'ai écrit pour vous.

Préface

Réussir sa vie c'est important, mais réussir « sa santé », c'est fondamental. Les découvertes médicales nous montrent qu'il n'est jamais trop tard pour bien faire. À tout moment, nous pouvons modifier nos habitudes et rentrer dans un cercle vertueux. Les progrès médicaux nous éclairent sur les liens essentiels qui existent entre notre mode de vie quotidien et notre santé. Ces liens que l'on pensait accessoires sont en fait déterminants. Notre hygiène de vie, au sens large du terme, a un poids crucial sur notre équilibre, mais pas seulement. L'énergie vitale, la joie, le bonheur dépendent aussi de la qualité de notre santé. Le mental et le physique sont étroitement liés et rejaillissent l'un sur l'autre. Pensons à des exemples simples : la force positive que l'on ressent après un effort physique, l'impression d'être comme neuf après une vraie nuit de sommeil, les bénéfices d'une alimentation saine... À l'inverse, des études ont montré que les gros consommateurs de fast-food déprimaient plus vite que les autres. Dans un autre ordre d'idées, pensons à l'assurance que donne une allure soignée, la plénitude qu'apporte une sexualité épanouie, le bien-être que procure une vie pleine de joie et de nouveauté...

Nos besoins vitaux sont nos limites. Quand ils sont menacés, il faut réagir vite. L'urgence est déclarée. La maison brûle. On ne peut pas vivre plus de trois jours sans boire. Nous sommes composés de 65 % d'eau, ce qui représente 45 litres pour une personne de 70 kg. Au cours d'une journée, nous perdons 2 litres de liquide. Nous avons sans cesse besoin d'apports réguliers. Je pense à Saint-Exupéry qui, perdu dans des immensités de sable, écrivait : « Je me croyais libre mais je ne savais pas que j'étais prisonnier des fontaines. »

Un mois sans manger expose à un risque mortel, même s'il existe des écarts importants selon les individus. En 1920, en Irlande, des grévistes de la faim ont ainsi tenu quatre-vingt-quatorze jours sans s'alimenter. Le corps en privation de nourriture se met en état d'alerte rouge. Pour maintenir l'énergie de base indispensable à son bon fonctionnement, l'organisme commence par brûler les sucres, puis les graisses, mais quand il passe aux protéines, le pronostic vital est engagé.

Le sommeil est également vital. Si un Américain est certes parvenu à rester onze jours sans dormir, un Chinois est lui décédé pour avoir tenté la même expérience. Au bout de vingt-quatre heures de privation, le manque de sommeil provoque d'importantes perturbations. La façon de penser, de se comporter et de réagir se modifie. La privation de sommeil vole notre identité. D'où la technique des longs interrogatoires policiers visant à faire craquer celui qui ne peut pas dormir.

La plupart des sujets peuvent tenir trois minutes sans respirer. Si cet état est prolongé, les minutes qui suivent provoquent des lésions cérébrales irréversibles. Pourtant, des apnéistes professionnels arrivent à demeurer dix minutes sans apport d'oxygène. Ils maîtrisent leur stress, leur fréquence respiratoire et leur rythme cardiaque pour passer en quelques secondes en système basse énergie. Ils prouvent la puissance du mental pour contrôler son corps dans les situations les plus extrêmes. Ces professionnels de la plongée nous livrent un message : à force d'entraînement et de concentration, on peut dépasser ses propres limites et augmenter ainsi son espace de vie.

En dehors de nos fonctions vitales immédiates, notre hygiène de vie quotidienne s'avère être un domaine crucial pour notre santé. Elle peut nous protéger des maladies ou diminuer notre pronostic vital à long terme. En m'appuyant sur les découvertes médicales les plus récentes, je souhaite mettre en lumière les gestes et les habitudes qui vous permettront de reprendre la main. Je vais vous parler des gestes qui guérissent et des pensées qui soignent, dans tous les domaines de votre vie : alimentation, exercice, sommeil, sexualité, mental....

Le bonheur est tout aussi indispensable à une vie riche et harmonieuse. Nous entrons ici dans un espace particulièrement intime. Ce qui semble insignifiant à d'autres peut se révéler essentiel pour vous. Il s'agit de ce qui définit votre socle et de ce qui compte profondément pour vous. Recherchez ce qui vous fait vous sentir bien, épanoui, et ce qui donne du sens à votre vie. En vous reliant à vos fondamentaux, vous enverrez à votre corps un message pour être en meilleure forme. Vous produirez des hormones protectrices et vous bloquerez la sécrétion de substances corrosives par votre corps. Les études scientifiques l'attestent : les sujets heureux vivent mieux et beaucoup plus longtemps que les autres. En répondant à vos vrais besoins, vous fabriquerez le meilleur outil de prévention. Pour cela, il faut oser ne pas être comme tout le monde. Placez les sources de joie qui vous correspondent vraiment au rang des priorités. Cela peut être de longues conversations à bâtons rompus, faire les boutiques, se lâcher dans des soirées, danser, traverser toute une ville pour trouver la pâtisserie de vos rêves… En allant dans ce sens, vous découvrirez des ressources inconnues qui sommeillaient en vous. Vous comprendrez la part de pulsion vitale inhérente à vos désirs pour les aider à se réaliser.

Je souhaite vous apporter tous les moyens naturels pour une vie harmonieuse et en pleine santé. Ce livre parle de vous et je suis à vos côtés pour vous accompagner. En appliquant mes conseils, vous augmenterez votre potentiel de bien-être et vous adopterez un nouveau mode de vie qui vous rendra invincible. Donnez-vous maintenant carte blanche, ce sera votre nouvelle carte Vitale.

CHAPITRE 1

L'HYGIÈNE

Pour ne pas se rendre malade

L'HYGIÈNE CORPORELLE :
c'est du propre

Vous vous souvenez sans doute des petites phrases de votre enfance qu'on vous répétait à longueur de journée : « Lave-toi bien les mains », « Ne rentre pas dans la maison avec tes chaussures sales », « Ne mets pas tes mains à la bouche », « Va faire pipi avant de partir »... Ce bon sens s'avérait très efficace ! Une bonne hygiène corporelle constitue le premier rempart contre les maladies infectieuses et procure un sentiment de bien-être et d'énergie. Ces gestes simples de bienveillance apportent une grande sérénité. Si vous êtes doux et positif envers vous-même, vous irez vers ceux qui le sont aussi à votre égard. Vous deviendrez le centre d'un cercle bénéfique.

• LA MÉNAGERIE SOUS LES ONGLES

Nous éprouvons tous un sentiment de dégoût envers les personnes qui arborent des ongles noirs ou négligés. Outre l'aspect esthétique, des ongles sales sont un paradis pour les microbes désirant croître et se multiplier. L'ongle offre un environnement constamment humide. Un simple lavage des

mains ne suffit pas à régler le problème : il apporte seulement les quelques gouttes d'eau nécessaires à la prolifération
microbienne. Les bactéries et virus restent ainsi cachés dans
cet abri inaccessible. Un vernis un peu daté qui présente des
imperfections, comme de petits accrochages, constitue aussi
une vraie niche à microbes : pour se multiplier, ces derniers
ont besoin de surfaces irrégulières leur permettant de se fixer.
Pensez à changer votre vernis régulièrement !

Vous l'aurez compris, les ongles sont des réservoirs de
germes qui ne demandent qu'à coloniser d'autres parties du
corps pour propager des maladies infectieuses. Lorsque vous
portez les mains à la bouche, dans votre nez, vos oreilles ou à
l'intérieur du vagin pour changer un tampon par exemple, vous
pouvez ensemencer ces zones saines avec les germes se trouvant sous vos ongles. Alors que faire ? La solution est un jeu
d'enfant. Chaque soir, brossez-vous les ongles avant d'aller au
lit. Cette habitude prend moins de trente secondes et changera
votre quotidien. Vous pouvez utiliser une brosse à dents dure,
mais ne vous trompez pas de brosse ensuite ! Choisissez-en de
couleurs différentes pour vous y retrouver. Avec ce précieux
brossage, vous aurez des mains réellement propres et œuvrerez
pour une meilleure prévention de votre santé.

Se ronger les ongles, c'est comme ronger sa vie

Se ronger les ongles est un geste symbolique d'auto-destruction. Vous dévorez sans réfléchir une partie de vous-même. Cette mauvaise habitude est également nocive pour la santé. Des tests ont montré que la salive des personnes se rongeant les ongles est positive aux entérobactéries – des bactéries siégeant dans le tube digestif – et à de nombreux microbes indésirables. En période de grippe et de gastro-entérite, ou si vous êtes en contact avec le virus de l'herpès, la probabilité de s'infecter augmente nettement. Ces résultats peuvent aussi expliquer la mauvaise haleine qui accompagne parfois cette pratique. Un autre danger se situe au niveau des dents. Celles du haut et du bas ont progressivement plus de mal à se mettre face à face pour obtenir une bonne occlusion dentaire, et risquent de se déchausser plus facilement. Enfin, se ronger les ongles peut endommager les tissus voisins. Il peut arriver à l'ongle de repousser de façon inesthétique. Pour éviter ces inconvénients, voici quelques petits conseils : coupez vos ongles avec soin et le plus court possible. Pensez à l'image du réfrigérateur vide : la tentation disparaît avec l'absence de nourriture. Vous pouvez aussi utiliser un vernis au goût amer, efficace si vous n'aimez pas ce goût particulier.

• LE SENS DU LAVAGE

Bien se laver commence du haut vers le bas, c'est-à-dire des zones les plus propres vers celles les plus sales. Mais ce n'est pas tout : le sens d'évacuation de l'eau, vertical, a aussi son importance. Dans le processus de stérilisation des mains des chirurgiens par exemple, on se les lave près du robinet, coudes vers le bas, afin de faire couler l'eau souillée vers un territoire moins à risques. C'est la raison pour laquelle une douche sera toujours plus efficace qu'un bain (même si ce dernier comporte des avantages, comme nous le verrons plus loin). Il est à noter que les germes ont une préférence pour les recoins comme le nombril, où ils peuvent proliférer en toute discrétion. Pensez donc bien à le nettoyer.

Chaque jour enfin, lavez soigneusement votre visage. Il est en contact toute la journée avec la pollution, quand ce ne sont pas les postillons de vos interlocuteurs. Instinctivement, une personne se touche le visage deux fois par heure avec des mains potentiellement sales. Savonnez bien le visage, les oreilles, le nez, les lèvres et les paupières les yeux fermés. Rincez et séchez avec soin.

• QUEL SAVON CHOISIR ?

Quand vous étiez nourrisson, votre maman effectuait votre toilette avec la plus grande vigilance, en utilisant des produits doux pour ne pas abîmer votre peau fragile de bébé. Pourquoi ne pas continuer aujourd'hui à être aussi délicat avec votre peau adulte ? Notre épiderme est recouvert d'un film naturel hydrolipidique protecteur. Il s'agit d'une barrière naturelle aussi mince que résistante. Ce film, c'est notre bouclier pour nous préserver de nombreuses agressions, qu'elles soient microbiennes ou chimiques. Cette « cuirasse » repose en partie sur le sébum, une crème de beauté naturelle qui empêche la déshydratation et retarde l'apparition de rides en donnant un éclat naturel à votre peau. Il faut préserver l'intégrité de cette couche externe. Utiliser trop de savon peut même avoir un effet contre-productif. L'emploi fréquent de savons solides ou liquides fragilise ce film et le rend poreux. Vous avez sans doute déjà entendu parler de la notion de pH – potentiel hydrogène –, qui sert à désigner un milieu acide ou alcalin. Le pH des savons se situe entre 8 et 11 (alcalin), alors que celui du film de notre peau est autour de 5 (acide). Un pH neutre est à 7. Pour la toilette quotidienne, je conseille donc de choisir des savons à pH neutre pour les zones sensibles : aisselles, plis sous les seins et à l'aine, régions pubiennes externes, sillon interfessier, en terminant par les pieds. Pour le visage, vous pouvez vous servir de l'eau minérale, souvent moins agressive que l'eau du robinet. Si certaines parties du visage sont un peu grasses comme le nez, le menton et le front, employez aussi un savon neutre.

Enfin, concernant le savon mousse (sans formule antibactérienne), des tests récents viennent d'établir qu'il est moins efficace pour le lavage des mains que le savon liquide ou solide. En effet, il engage à moins frotter et contient une dose de savon plus faible. Il donnerait ainsi une fausse impression de mains propres et laisserait le terrain libre aux bactéries les plus résistantes. Si c'est le seul savon à votre disposition, comptez jusqu'à 30 secondes au moins pour des mains impeccables !

• FAUT-IL SE BROSSER LA LANGUE, LES DENTS ?

Bien se laver les dents avant de dormir est essentiel pour éviter que les gencives ne macèrent toute la nuit au milieu des débris alimentaires. Il suffit d'un minuscule foyer infectieux pour menacer la santé. Une étude suédoise a montré qu'une mauvaise hygiène dentaire pouvait augmenter jusqu'à 80 % le risque de certains cancers, notamment du côlon. En outre, il existe aussi un risque élevé d'infarctus et d'accidents vasculaires cérébraux. Ne mettez pas votre santé en péril avec des dents mal entretenues.

Avoir des dents d'acier

• *Effectuer au minimum une visite annuelle de contrôle chez le dentiste.*
• *Se laver les dents après chaque repas, et utiliser du fil dentaire au moins une fois par jour.*
• *Opter pour une brosse à dents souple, à changer tous les mois (plus en cas d'infection).*
• *Penser à avoir une brosse à dents sur son lieu de travail pour le midi.*

L'hygiène bucco-dentaire dépend aussi d'une bonne salivation, qui a d'ailleurs tendance à diminuer avec l'âge. La salive est un bien précieux ! C'est un lubrificateur des muqueuses qui permet de bien s'exprimer. Elle participe à la digestion en aidant les aliments à glisser et ce grâce à la sécrétion d'enzymes. La salive possède une action antibactérienne de protection de la cavité buccale. Par son pH légèrement alcalin, elle limite la formation des caries tandis que ses minéraux contribuent à la reminéralisation de l'émail.

Si vous avez tendance à avoir une bouche sèche, parlez-en à votre médecin traitant. Ce désagrément peut être lié à la prise de certains médicaments, tels certains anxiolytiques ou antihypertenseurs. Afin de contrer les effets d'une bouche sèche, vous pouvez vous brosser la langue avec une brosse à dents douce, ce qui relancera naturellement la salivation. Par ailleurs, évitez d'avoir recours à un dentifrice détergent, susceptible de perturber la flore intestinale. Deux possibilités s'offrent à vous : utiliser une brosse à dents simplement mouillée ou opter pour un dentifrice naturel aux plantes. Brosser la langue déclenche un mécanisme réflexe de salivation. Sachez qu'en réalisant ce geste debout, il sera plus efficace, car nous salivons davantage dans cette position. Le débit de salive d'un adulte se situe normalement autour d'1 litre par jour, avec une production restreinte la nuit. Pour ceux qui sont réfractaires au brossage de la langue, vous pouvez mâcher du chewing-gum sans sucre. Petit inconvénient de cette alternative : en mastiquant, on avale souvent de l'air, ce qui peut provoquer un ventre gonflé et des reflux acides.

• Assainir son corps

Un corps qui transpire, c'est un corps qui respire. La transpiration permet d'éliminer les déchets et les toxines de l'organisme tout en régulant sa température. C'est ainsi que nos 3 millions de glandes sudoripares participent à notre système de climatisation autonome. À l'exercice, une personne en bonne santé transpire plus vite qu'une autre. Une personne en bonne condition physique se met à transpirer dès 37,2 °C, alors que le sédentaire commence à 37,7 °C. La sueur est aussi le gage d'une peau plus belle, plus éclatante. En transpirant régulièrement, vous afficherez un teint frais et rose. C'est comme si la peau s'autonettoyait en débarrassant les pores des impuretés et des cellules mortes. La chaleur amenée par la transpiration améliore enfin la microcirculation, bénéfique pour l'oxygénation de la peau.

L'analyse de notre transpiration fournit un nombre important de données sur notre état de santé, notre humeur. Si votre sueur vous pique les yeux, il se peut que vous éliminiez un surplus de sel. Si vous transpirez beaucoup après le petit-déjeuner, le café pourrait en être à l'origine. Des tests ont également montré que l'odeur liée à la peur, à cause de la stimulation des glandes apocrines, est particulière. Il a aussi été observé que les personnes déprimées transpiraient moins que les autres, comme si elles devenaient moins réactives à leur environnement.

La transpiration qui soigne

En cas de grippe ou d'infection, la température corporelle monte et l'on transpire. C'est une arme que mobilise le corps pour mieux se défendre contre les agressions infectieuses extérieures. L'organisme se protège en haussant le thermostat. La fièvre n'est donc pas une maladie ! Au contraire, c'est un signe d'alerte et de défense. L'augmentation de la température fait croître les défenses immunitaires en puissance pour mieux détruire les agents pathogènes tandis que la sueur est là pour éliminer les déchets. Par sa nature salée et acide, elle constitue un antiseptique naturel pour lutter contre les germes se trouvant sur la peau. Dans le cas d'une forte transpiration, il faut compenser les pertes en buvant beaucoup d'eau.

Les glandes sudoripares contiennent aussi un nombre significatif de cellules souches, qui participent au remplacement de nos cellules usées ou mortes. Des recherches sont en cours pour comprendre les liens entre la production de la sueur et la stimulation de ces cellules capables de nous aider à guérir plus vite. D'autres travaux ont démontré qu'une transpiration régulière agit également dans la lutte contre les calculs rénaux. Dans un registre plus psychologique, transpirer rend plus heureux, car la sueur coïncide avec la sécrétion d'endorphines, en particulier au moment des efforts physiques. Enfin, rappelez-vous la sensation éprouvée après avoir eu de la fièvre et transpiré : on se sent comme neuf et tout propre.

La transpiration : notre écologie intime

Par la sueur, nous éliminons de nombreux toxiques comme des métaux lourds, des pesticides et des polluants qui se trouvent dans l'environnement. C'est pour cette raison que l'on peut retrouver des traces de drogues ou de médicaments dans la composition de ce liquide corporel. La transpiration en cela est très précieuse. Mais nous connaissons tous son revers : les mauvaises odeurs ! Dans ce cas, que faut-il penser des déodorants ? Si vous ne transpirez pas spontanément, n'en utilisez pas. Il est également inutile de s'en servir avant un exercice physique, qui aide justement à mieux éliminer les toxines. Évitez d'en appliquer après une épilation ou un rasage des aisselles, car certains composés chimiques contenus dans le produit risquent de passer dans le sang. Quant à l'odeur, il s'agit surtout d'une question de ressenti personnel. Si vos « arômes » vous indisposent ou gênent votre entourage, vous pouvez utiliser un déodorant. Sachez que chez certains couples, les odeurs de sueur peuvent exciter les partenaires grâce à la présence des phéromones. D'après une étude menée à ce sujet, il s'avère que pendant les trois premières années, les femmes trouvent les odeurs de sueur agréables, mais que, passé ce laps de temps, elles leur semblent déplaisantes.

• ÉVITEZ D'AVOIR UN VIEIL ANUS RIDÉ

En tant que médecin, je n'ai aucun tabou pour parler du corps humain, quel que soit l'organe concerné, surtout si le sujet touche un nombre important de personnes. Une enquête épidémiologique réalisée en France en 2004 a montré que 41 % des Français ont développé une pathologie anale au cours des douze mois précédents. Ce chiffre souligne toute l'importance de la prévention, dont il est parfois difficile de parler quand elle touche une zone aussi intime.

Prendre soin de son anus, c'est veiller à son hygiène, son esthétique et sa jeunesse. Bien sûr, vieillir prématurément de l'anus ne se voit pas en général, sauf si vous pratiquez la sodomie. Sachez qu'un anus mal entretenu est susceptible d'entraîner des problèmes d'hygiène et d'odeurs très désagréables, pour vous comme pour votre entourage. Il peut également s'accompagner de troubles fonctionnels. Pas de panique, il existe des astuces pour éviter ces complications. En respectant ces règles d'hygiène simples, vous garderez un anus pimpant, sans irritations et qui sent toujours bon.

Les marisques

Les marisques sont des replis cutanés situés autour de la marge anale à l'aspect de rides épaisses. Leur taille va de quelques millimètres à 2,5 cm. Elles résultent de l'excès de pression dans le système veineux anal, qui génère parfois des hémorroïdes. La pression de ces veines augmente lors de l'évacuation de selles dures et résistantes : en expulsant trop fort, on fait monter la pression des veines qui se dilatent. Les marisques se présentent comme de petites bosses faisant suite à ces micro-hémorroïdes et ces dilatations veineuses. Parfois, elles correspondent à des séquelles de thromboses – autrement dit des caillots – hémorroïdaires. Il est donc essentiel de ne pas forcer lors de l'émission des selles, car si les petites marisques sont asymptomatiques, les grosses peuvent devenir douloureuses, requérant parfois des soins ciblés par les spécialistes.

Pour éviter les marisques, il est également nécessaire de surveiller votre transit. En consommant des fibres, vous favoriserez une bonne santé intestinale. Ces dernières aident les selles à avancer plus vite dans les intestins et évitent un embouteillage interne. L'hydratation est essentielle pour le transit. Contrairement à ce que l'on peut lire parfois, je recommande de boire de l'eau, qu'elle soit plate ou gazeuse, durant les repas. C'est le meilleur moment pour y penser, et cela augmente l'impression de satiété. Certaines eaux favorisent même le transit par leur composition, comme celles riches en magnésium ou en sulfates.

La fréquence des selles enfin varie d'une personne à l'autre : pour certains, c'est deux fois par jour, pour d'autres, c'est tous les trois jours. Si vous n'allez pas régulièrement à la selle, il ne faut pas vous en inquiéter et se forcer à tout prix. Certains sujets cardiaques sont parfois victimes d'accidents dus à des pics d'hypertension artérielle lors de fortes poussées. En un mot, allez-y en douceur, munissez-vous par exemple d'un livre ou d'un magazine et prenez votre temps aux toilettes. Vous éviterez de vous « rider » l'anus pour rien.

La bonne position pour un anus nickel chrome

Quand vous vous lavez, il est important de faire disparaître tout résidu de matière fécale : un gramme de matière fécale, c'est plus de 10 milliards de bactéries ! Sous la douche, savonnez le sillon interfessier et l'anus en vous plaçant accroupi. Cette position pleine de bon sens a été adoptée pendant des décennies par les utilisateurs du bidet, objet malheureusement disparu des salles de bains. S'asseoir sur le bidet permet de bien écarter les fesses et de savonner avec soin le pourtour de l'anus. S'il existe des marisques, elles seront parfaitement propres et ne constitueront plus un repaire pour les microbes.

De plus, elles ne s'étendront pas. Attention, contrairement à ce que l'on pourrait penser, il n'est pas recommandé de nettoyer l'intérieur de l'anus en utilisant le savon comme un lubrifiant pour passer avec un doigt la marge anale. Cette pratique, non hygiénique, fait passer des bactéries du rectum vers l'extérieur.

Pour constater l'efficacité de cette position lorsque vous êtes aux toilettes, regardez la feuille de papier après vous être essuyé debout, au moment où vous jugez que c'est terminé : elle est propre. Répétez l'opération, mais cette fois en position accroupie. Observez la nouvelle feuille de papier hygiénique. Ce que vous verrez se passe de commentaires. La position debout ne permet pas de faire « le grand ménage » et laisse des matières fécales au niveau de l'anus pour la journée.

Lot de consolation : si vous n'arrivez pas à vous mettre en position accroupie, essuyez-vous en position assise, ce sera déjà légèrement plus efficace en terme d'hygiène. Pour cela, passez la main derrière le dos et pas par l'avant. Sinon, vous risqueriez de faire passer les microbes de la région anale vers la région vaginale, ce qui peut être source d'infections génitales.

Laver son anus

La toilette du sillon interfessier doit toujours être irréprochable. Sinon, un sillon interfessier et un anus irrités provoquent souvent des démangeaisons. Je recommande de bien les savonner après être passé aux toilettes. Le papier, appelé à tort hygiénique, ne nettoie pas de manière optimale et frotte la muqueuse anale, pouvant provoquer des gênes désagréables. En le passant sur la peau de l'anus particulièrement fragile, le papier toilette peut aboutir au même effet qu'un sujet qui se gratterait fréquemment la zone anale. De plus, certains agents de blanchiment du papier hygiénique s'avèrent également irritants.

Dans l'intimité des toilettes

Une hygiène inadaptée peut endommager la région anale. Je vous invite à suivre quelques règles simples pour respecter ce territoire fragile.

• Ne portez pas de sous-vêtements serrés, susceptibles de provoquer une macération avec la sueur.

• Évitez les savons antiseptiques trop concentrés, qui nuisent à la flore cutanée. L'équilibre de la flore étant perturbé, vous vous défendrez moins bien contre les infections.

• Ne dirigez pas un jet trop puissant en direction de l'anus pendant la douche. La région anale est recouverte d'un tissu cutané fin et sensible, comme la peau que nous avons sous les yeux. Ménagez cette partie avec un jet doux.

• Ne séchez jamais vos fesses de façon brutale en effectuant des va-et-vient avec une serviette rêche. Tamponnez-la avec douceur, comme une maman le ferait pour son bébé. La marge anale est une demi-muqueuse, ce qui explique sa sensibilité et sa différence par rapport à d'autres zones de la peau, beaucoup plus résistantes.

Le frottement de cette zone altère l'imperméabilité de la muqueuse et génère à la longue l'équivalent de microfissures et de microplaies : les phénomènes de cicatrisation répétés, déclenchés par la peau anale, prennent l'aspect de rides. Il s'agit des classiques névrodermites présentant des rougeurs très pénibles. Ces altérations génèrent de petits suintements qui augmentent les risques de prolifération bactérienne. Après le lavage, il conviendra de rincer et surtout de sécher la zone, car l'humidité résiduelle constitue un bouillon de culture pour les microbes. Si vous utilisez des lingettes pour votre toilette intime, veillez à ce qu'elles soient toujours sans alcool. Pensez à vous laver les mains après vous être lavé les fesses et le sillon interfessier.

Enfin, remarquons qu'en temps normal, le rectum se vide totalement après avoir été à la selle. Il se collabe, prenant l'aspect d'une fente avec des parois accolées hermétiquement. Il existe des terminaisons nerveuses à ce niveau qui permettent de faire la différence entre un gaz et une selle. Certains sujets présentent une hypertonie anale, autrement dit un anus très serré, qui peut favoriser la constipation par défaut de relaxation de l'appareil sphinctérien lors de l'expulsion. D'ailleurs, le mot « constipation » vient du latin « *constipatio* », qui signifie « resserré ».

Les petites fuites anales gênantes : « trop de café, culotte souillée »

Ces petites fuites peuvent être à l'origine de démangeaisons récurrentes de l'anus, provoquant des lésions de grattage susceptibles à la longue d'endommager la marge anale et de générer de nombreux inconforts. Elles contribuent également à la macération de la zone, qui augmente aussi avec la transpiration.

À ce sujet, la consommation excessive de café abaisse le tonus sphinctérien anal et peut ainsi favoriser un suintement fécal irritant. Pour le dire simplement, la partie terminale du rectum est alors moins hermétique et devient comme une porte entrouverte. Les graisses (et particulièrement les huiles de paraffine) ont ainsi la possibilité de passer la barrière de l'anus et de se retrouver dans la culotte. Je recommande ainsi pour un adulte de ne pas dépasser quatre tasses de café par jour. Vous aurez la garantie de rester toujours bien au sec et, cerise sur le gâteau, vous serez moins énervé !

Ne restez pas avec votre maillot mouillé

C'est le réflexe de toute maman : quand son enfant a fait pipi dans sa culotte, elle le change aussitôt. Elle sait par bon sens que laisser les fesses et les organes génitaux macérer dans l'urine provoque des rougeurs, des irritations et parfois des infections locales. Elle enlève donc la couche, le slip, lave, sèche, et met du linge propre. Faites la même chose maintenant que vous êtes adulte avec votre maillot mouillé, une fois sorti de la piscine ou de la mer par exemple. En effet, certains tissus mettent des heures à sécher. Garder un maillot mouillé peut provoquer des désordres génitaux comme des mycoses, des infections urinaires, ou encore des démangeaisons désagréables. Avec un maillot humide, tous les ingrédients sont réunis pour dynamiser la prolifération des bactéries et champignons : la chaleur et l'humidité. Chez l'homme comme chez la femme, le sillon interfessier soumis à cette atmosphère chaude et humide peut être colonisé par des bactéries comme les staphylocoques à l'origine d'infections de la marge anale.

Mon conseil

Prenez systématiquement une douche en sortant de la piscine, du jacuzzi ou de la mer. Séchez-vous avec soin et enfilez un maillot propre et sec.

• Uriner : l'art et la manière

Nous sommes nombreux à nous retenir d'uriner au cours de la journée : manque de temps, paresse, toilettes de proximité douteuses, occupées ou absentes... Chez les femmes, la peur de s'asseoir sur un trône sale les oblige à prendre une position inconfortable, en équilibre précaire au-dessus de la cuvette. Résultat, une bonne partie de l'urine reste stockée dans la vessie. Beaucoup de lieux publics proposent des toilettes à l'hygiène désastreuse qui agit comme un repoussoir. Dans d'autres cas, les commodités sont plus propres mais payantes, et on ne dispose pas toujours de la bonne pièce de monnaie pour y accéder. Certains attendent ainsi d'être rentrés à la maison « parce que c'est plus propre ».

La bonne position pour une miction efficace est de se tenir bien assis sur le trône, genoux écartés, sans être entravée par les pantalons, jupes ou sous-vêtements. Maintenir cette posture adéquate évitera de « pousser » et permettra à l'urine de s'écouler naturellement. Il a d'ailleurs été noté que les femmes souffrant d'une incontinence urinaire à l'effort ont tendance à pousser davantage au moment d'uriner.

La vessie peut contenir jusqu'à 440 ml d'urine. L'envie d'uriner se déclenche lorsque la vessie contient 150 ml. Si on attend, elle va se relâcher et continuer à se remplir. Une seconde envie, cette fois-ci très pressante, se produit à 300 ml, seuil au-delà duquel il devient alors plus difficile de se retenir. Chez un sujet qui s'hydrate avec environ 2 litres de liquide dans la journée, le besoin d'uriner se fait sentir au minimum quatre fois en 24 heures. La fréquence normale est ainsi de se soulager toutes les quatre à cinq heures. Pourtant, certains se plaignent d'avoir toujours envie d'aller uriner. Ils sont contraints de courir toutes les heures aux toilettes, situation pénible sur le long terme. Si c'est votre cas, il est nécessaire d'en rechercher la cause en consultant un médecin. Celui-ci peut mettre en évidence un problème de prostate, une infection urinaire, des calculs ou des polypes dans la vessie, ou encore découvrir, dans certains cas très rares, une petite vessie capable de ne contenir que 150 ml au lieu de 450 ml. On rappellera que certains médicaments peuvent être aussi responsables de cet état. Si le bilan médicamenteux est négatif, les origines peuvent être diverses : une consommation d'eau excessive dans la journée – au-delà de 2 litres –, une hyperactivité vésicale physiologique en passant du froid au chaud, ou le stress, à même de provoquer des envies impérieuses d'uriner.

Il existe un autre risque découlant de la rétention d'urine, sur lequel une équipe de scientifiques italiens s'est penchée. Il est bien connu que l'urine sert à éliminer de nombreux déchets nocifs, parmi lesquels des composés cancérigènes. C'est d'ailleurs pour cette raison que le cancer de la vessie est très fréquent chez les fumeurs : les agents cancérigènes du tabac s'éliminent beaucoup par l'urine. Le cancer de la vessie est en effet multiplié par quatre chez un fumeur et par deux chez le conjoint, tandis que vingt ans sans tabac sont nécessaires pour remettre le compteur à zéro ! Sur 300 personnes exposées le soir à des fumées toxiques, ces chercheurs ont montré qu'après une nuit de sommeil, la concentration de composés cancérigènes dans les urines augmentait. Ils ont aussi remarqué que les sujets ayant avalé des repas riches en viandes cuites dans la friture avec des parties noircies présentaient une augmentation de produits cancérigènes dans la vessie. Ces composés – comme les amines aromatiques hétérocycliques, très nocives – peuvent être également inhalés au moment de la cuisson à la poêle. Les produits chimiques issus en particulier du tabac ou d'autres fumées toxiques peuvent devenir des composés extrêmement réactifs capables d'interagir avec l'ADN et de provoquer des mutations. Ces dernières sont la base moléculaire de la cancérogenèse. Les urines qui stagnent longtemps dans la vessie amplifient donc leur pouvoir cancérigène.

En pratique, il est indispensable de limiter la concentration prolongée des composés toxiques dans la vessie en les éliminant régulièrement. Une étude américaine a d'ailleurs montré que boire 1,5 litre d'eau par jour réduisait de 51 % le risque de cancer de la vessie par rapport à une consommation de 240 ml. Ces mêmes scientifiques ont souligné que boire de l'eau dans la journée diminuait la fréquence des cancers vésicaux, car les déchets cancérigènes restent moins longtemps en contact avec la vessie.

Nos mamans nous l'avaient bien dit : se retenir d'uriner peut s'avérer dangereux. Cette habitude est un facteur de risque de cystites ; pour les sujets prédisposés aux calculs urinaires, les crises de coliques néphrétiques sont plus répétitives.

La vessie impolie

S'il ne faut pas se retenir d'uriner, la vessie doit néanmoins être domptée. En effet, certains se précipitent aux WC dès qu'ils ressentent une envie infime d'aller faire pipi. À force, ils y vont sans même y prêter attention. Néanmoins sans cesse interrompus dans leurs tâches, ils finissent par se plaindre de passer leur vie aux cabinets. Il s'agit en fait d'une mauvaise éducation de la vessie, qu'on peut facilement corriger. Si vous êtes concerné, essayez l'exercice suivant : dès que le « signal » apparaît, obligez-vous à attendre montre en main un quart d'heure avant d'y aller, cela pendant un mois. Chaque mois, augmentez l'attente de quinze minutes, jusqu'à atteindre cinq mictions dans la journée. La vessie se sera ainsi défaite de cette habitude et vous gagnerez en tranquillité.

En dehors de ces risques, une personne qui se retient d'une manière générale ne se sent pas bien : le manque de concentration, la fatigue, les petits frissons et le mal de ventre sont courants. C'est une sensation de mal-être épuisante. Restez à l'écoute de votre corps, il a toujours la priorité. Que vous soyez sur l'autoroute ou au travail, marquez une pause quand l'envie se fait sentir.

• BIEN GÉRER LES FLATULENCES

Émettre des gaz intestinaux est normal et naturel. C'est une donnée physiologique qui indique le bon fonctionnement de notre tube digestif. Notre production quotidienne se situe en général entre 0,5 et 2 litres. L'arrêt des gaz est d'ailleurs un signe d'alerte pour le médecin en cas d'occlusion intestinale. Dans d'autres cas, après une opération sur le tube digestif par exemple, le chirurgien guette impatiemment le retour des gaz, synonyme d'un transit rétabli. Il n'existe par ailleurs aucun lien entre la quantité d'un gaz et son odeur. Certains sont très discrets mais sentent fort, alors que des émanations bruyantes sont inodores. L'odeur ou le bruit occasionnés ne sont d'aucune façon corollaires d'un mauvais état de santé : quels que soient le parfum ou la sonorité, dites-vous que tout va bien car votre corps élimine naturellement ses gaz ! C'est un peu comme lorsque vous cuisinez dans une casserole : au bout d'un moment, de la vapeur s'échappe au-dessus des aliments. À l'inverse, si vous cuisinez dans une Cocotte-Minute, un petit sifflet finit par se faire entendre, lié au gaz sous pression. La paroi de votre corps n'étant pas en acier au contraire de la Cocotte-Minute, si vous retenez la pression, cet excès d'air va vous gêner et vous faire mal, car les intestins disposent de capteurs à la pression reliant ces sensations au cerveau. Néanmoins, si un trop-plein de gaz vous dérange, sachez que le fait de consommer des probiotiques comme *bifido bacterium longum* en réduit le volume. Lorsque vous ressentez l'envie d'émettre des gaz, je vous conseille de vous isoler et de vous soulager. Se retenir provoque un ventre gonflé et comporte un risque de colopathie fonctionnelle. Comme pour la rétention d'urine, passer ses journées en étant en permanence sous contrôle entraîne fatigue et nervosité. Cela revient à brûler de l'énergie pour rien et peut entraîner un stress inutile, car celui ou celle qui se contient connaît la sourde angoisse que « ça parte ». Offrez donc de la sérénité et du calme à vos intestins en les laissant respirer quand ils se manifestent.

De plus, avez-vous remarqué qu'après une émission de gaz intestinaux forte en bruit et en intensité, celui qui en est à l'origine semble jovial et détendu ? Il est possible que le passage de cet air comprimé au préalable dans le rectum provoque des vibrations au niveau de la région anale. Ces ondes stimuleraient les terminaisons du nerf vague intervenant dans la relaxation et la détente... Malgré tout, en 2011, l'État du Malawi souhaitait faire passer un décret pour interdire les pets en public. C'était peut-être aller trop loin dans les règles de bienséance !

• CONSTIPATION STORY

La plupart d'entre nous ont besoin de conditions particulières pour faire la grosse commission. Nous préférons en général être tranquilles à la maison, sans être brusqués. Dans la journée, cela devient beaucoup plus difficile : WC hostiles, peur de ne pas pouvoir se nettoyer correctement, angoisse de laisser des odeurs... Nous sommes donc souvent contraints de patienter jusqu'au soir pour nous soulager. La sensation n'est pas agréable, surtout lorsqu'il faut contrecarrer plusieurs fois par jour une envie récidivante. Le transit s'en trouve perturbé et l'harmonie des intestins est déréglée par cette pression à la sortie. Plus la journée est trépidante, plus on bouge et plus il est difficile de contrôler la situation. Beaucoup souffriront de ballonnements, ce qui est parfaitement normal. Éliminer les selles quand vous le ressentez vous procurera au contraire une sensation de bien-être et de relaxation. Il vaut mieux explorer des toilettes « limites » que se retenir.

Inspirons-nous des chimpanzés

Les chimpanzés d'Afrique ont plus de bon sens que nous. Quand ils ressentent des troubles digestifs liés à des parasites intestinaux, ils se soignent en consommant des plantes au goût très désagréable mais qui éliminent les intrus. Si vous avez séjourné dans des pays à risques, n'hésitez pas à consulter et à pratiquer une parasitologie des selles pour être sûr que vous n'abritez pas des hôtes indésirables. D'autres causes aux troubles digestifs peuvent exister, comme la présence d'un germe dans l'estomac, Helicobacter pylori, *à l'origine d'ulcères gastriques, mais qui peut aussi faire le lit du cancer. Dans d'autres cas, des maladies infectieuses peuvent sommeiller, telles que des* Chlamydiæ *au niveau génital, aussi bien chez les hommes que chez les femmes. Au moindre doute, n'hésitez pas à consulter. Le corps humain est une mécanique de précision. L'inflammation est un tueur silencieux quand elle s'installe à notre insu. Restez vigilant.*

Ne craignez rien, la lunette des toilettes est rarement contaminée ! La poignée de la porte des toilettes ou la barre du métro présentent pour leur part beaucoup plus de risques... Si vous avez des doutes, disposez une petite couronne de papier sur la cuvette et faites attention de vous asseoir doucement pour qu'elle ne s'envole pas...

• ÉVACUER LE TROP-PLEIN D'AIR PAR LE HAUT

Selon les cultures, le fait de roter revêt une signification différente. Dans certains pays, il s'agit d'un compliment pour signifier que le repas offert était parfait, dans d'autres, c'est une preuve d'un manque d'éducation. S'il faut bien sûr savoir s'adapter aux coutumes pour ne pas choquer, rappelons quand même quelques principes anatomiques essentiels. Lorsque la pression de l'air augmente dans l'estomac, c'est une bonne chose de l'évacuer par un rot. En effet, cet excès d'air peut participer à un reflux gastrique, c'est-à-dire une remontée acide dans la bouche. De nombreuses personnes souffrent de ce symptôme. Les risques de reflux gastriques sont nombreux : toux chronique liée à l'irritation de la gorge par les remontées acides, inflammation de l'œsophage ou de l'estomac... Ces reflux peuvent être responsables d'une érosion de l'émail des dents ou d'une mauvaise haleine. Roter n'éliminera pas l'origine des remontées acides, comme une hernie hiatale par exemple, mais diminuera la pression et par conséquent les symptômes. Pour bien roter, n'hésitez pas à vous éloigner, vous vous sentirez moins oppressé et vous respirerez mieux. La nature est bien faite : profitez-en chaque fois que c'est possible !

• Déboucher son nez autrement

Les traitements pour déboucher le nez en cas de rhume ne sont pas anodins, qu'ils se présentent sous forme de gouttes ou en comprimés. Beaucoup d'entre eux provoquent une constriction des vaisseaux, non pas seulement au niveau de la circulation nasale, mais dans tout le corps. Ce n'est pas idéal pour le cœur et les artères. Je vous propose donc une solution plus naturelle : mangez épicé ! Vous verrez, l'effet est immédiat et sans le moindre danger.

Choisissez des piments et de la harissa, à utiliser de préférence avec des plats exotiques. Votre nez coulera un peu, mais vous respirerez mieux. Certains d'entre vous auront remarqué que le nez bouché disparaît lors d'un rapport sexuel. N'oublions pas que les odeurs sont un déclencheur de la libido. Dernier petit conseil : juste avant d'aller vous coucher, dégagez vos voies aériennes supérieures après vous être lavé les dents. Mouchez une narine, puis l'autre. Reniflez et crachez dans le lavabo, puis terminez par un gargarisme avec de l'eau gazeuse ou salée, pour bien nettoyer l'arrière-gorge et les amygdales. Ce petit rituel vous fera mieux respirer pendant la nuit et évitera souvent des ronflements déplaisants pour le conjoint.

• Arrêtez de vous brutaliser, vous vous faites du mal

Apprenez à être doux et bienveillant avec vous-même, en privilégiant la lenteur et l'attention. Je vais vous donner quelques exemples, à commencer par les dents. Lorsque vous les lavez, imaginez que vous prodiguez un massage délicat et minutieux pour protéger votre capital bucco-dentaire. Cela dure plus long-temps qu'un bref brossage énergique – comptez 3 minutes –, mais votre santé le mérite.

Il en est de même pour les cheveux : prenez votre temps. Cela ne sert à rien de les maltraiter sinon à les rendre moins solides. Sous la douche enfin, passez le savon calmement, comme si vous caressiez votre peau. Dans un autre ordre d'idées, n'avalez pas des aliments par peur de gaspiller et qui ne vous procurent aucun plaisir. Pensez juste à ce que deviendraient ces nourri-tures si vous ne les mangiez pas : elles iraient à la poubelle. Or, vous n'êtes pas une poubelle ! Plus globalement, je vous invite à considérer votre corps comme votre meilleur ami. Vous devez l'entretenir, l'alimenter, l'écouter, le protéger, comme si c'était votre bien le plus précieux. Ne faites rien à votre corps qui soit toxique ou dégradant. En procédant ainsi, il vous le rendra au centuple.

• TENEZ-VOUS DROIT ET BOOSTEZ VOTRE PUISSANCE INTELLECTUELLE

Dans tous les pays du monde, la moitié de la population se plaint de mal de dos, un fléau devenu douleur quotidienne. Une des origines fréquente tient aux positions vicieuses adop-tées machinalement par le corps. Une posture adéquate sou-lage la colonne et diminue le mal de dos. Comportez-vous comme si vous portiez fièrement une couronne de roi sur la tête et que vous ne deviez jamais la laisser tomber. Se main-tenir droit en position assise ou en marchant oblige aussi à se redresser mentalement. Vous sentirez votre puissance psy-chique se renforcer et dominerez mieux vos pulsions. Ima-ginez qu'au cœur de notre colonne vertébrale, la moelle épinière soit l'équivalent d'un gros câble électrique directement relié au cerveau. Si vous vous tenez correctement, l'énergie se propage mieux. Observez une personne qui se tient droite et une autre qui avance courbée. Ces deux attitudes ne dégagent pas du tout le même effet. L'une inspire de la force et des ondes positives, contrairement à l'autre. Plus vous vous redressez, plus vous gagnez en assurance et en charisme.

L'art de se redresser

Les chercheurs de San Francisco viennent de découvrir qu'un simple changement de posture augmentait notre puissance intellectuelle. Ils ont étudié chez 125 étudiants en mathématiques leur rapidité en calcul mental obtenu dans deux positions différentes. Le premier test était simple : soustraire 7 à 843 et chronométrer le temps nécessaire pour effectuer l'opération. Une posture consistait à se tenir avachi sur la table. Pour les scientifiques, cette position semblait correspondre à une attitude de défense, sujette à réveiller des mémoires anciennes, le sujet se comportant comme s'il était déjà à terre, vaincu d'avance. Une autre position présentait un maintien droit sur la chaise, avec le dos et les épaules détendus. Dans 56 % des cas, le groupe se tenant droit a obtenu des résultats beaucoup plus rapides que le groupe « avachi ». Le cerveau fonctionne mieux quand le corps est redressé, et voit ses performances augmentées. Se tenir ainsi permet de mieux respirer et de bien oxygéner le cerveau. Il est évident que le sujet choisissant la position droite se conditionne pour réussir, tel un vainqueur qui monte sur le podium.

Cet exemple est valable pour diverses situations. Pensez à un restaurant. Plus les clients se tiennent courbés, le nez près de leur assiette, plus ils mangent vite et en grande quantité. La distance entre la bouche et la nourriture étant de quelques centimètres, ils peuvent se nourrir en un temps record. Ces personnes présentent généralement un excès pondéral marqué. De plus, en se tenant avachi au-dessus de l'assiette, la digestion se fait moins bien, ce qui augmente les gaz et les ballonnements intestinaux. Si vous voulez maîtriser votre poids, commencez par bien vous tenir sur votre chaise. Vous ferez facilement baisser l'aiguille de la balance.

• JE VOUS LE DIS TOUT BAS

Il arrive que l'on se réveille aphone, la voix cassée, avec une laryngite. Un rhume qui a mal tourné ou une affection virale en sont souvent à l'origine. Le réflexe instantané que nous avons tous est alors de chuchoter plutôt que de parler normalement. Des scientifiques britanniques viennent pourtant de montrer que ce réflexe n'était pas bon pour la santé : il cause plus de dommages au larynx que le fait de s'exprimer à voix haute. Chuchoter oblige en effet à augmenter la tension sur les cordes vocales, comme si on pressait dessus pour obtenir des sons. La voix se fatigue alors plus vite. Les spécialistes recommandent de remplacer le chuchotement par une élocution lente et douce.

En dehors des épisodes de laryngites, vous pouvez néanmoins utiliser le chuchotement. Nous vivons dans un bruit ambiant constant, à tel point que nous ne faisons plus vraiment attention à ce que les gens disent. Quand vous vous exprimez tout bas, ce que vous dites va prendre beaucoup plus d'importance que si vous parlez normalement ou fort. Murmurez lentement en parlant à l'oreille de votre interlocuteur. Il va aussitôt percevoir que ce message est exclusif. La confidentialité de votre propos focalise toute son attention. Pour écouter un son faible, on est en effet obligé de se concentrer. De plus, le souffle que produit votre voix basse sur le pavillon de l'oreille d'autrui mobilise un sens tactile et intime favorable à l'attention. Le sujet devient très réceptif à vos mots. Enfin, vous disposez d'un autre avantage : la personne, surprise par ce contact inattendu, activera alors son système limbique qui associe dans le cerveau émotion et mémorisation. Que ce soit pour susurrer des mots d'amour ou faire passer des messages importants, n'hésitez pas à utiliser cette arme d'une efficacité redoutable.

• AUTO CHECK-UP CORPOREL FACILE

La salle de bains est l'endroit idéal pour faire une fois par mois un petit check-up personnel. C'est le lieu, équipé le plus souvent d'un miroir, où l'on peut s'isoler et se mettre nu. Pour être performant, je vous propose de vous munir de quelques outils et de prendre date le premier jour de chaque mois pour ce bilan « maison ».

Le mètre de couturière

Ce mètre de couturière sert à mesurer votre tour de taille. Faites le tour au niveau le plus large, en général le nombril. Notez le chiffre que vous allez recueillir : c'est un indicateur clé de votre état de santé. Un homme qui passe de 90 à 110 cm de tour de taille accroît de 50 % son risque de décès prématuré, tandis qu'une femme qui voit la mesure augmenter de 70 à 90 cm amplifie de

41

80 % ce risque. Considérons un autre ordre de grandeur : si le tour de taille représente 80 % de la taille en hauteur, le danger est de mourir 17 ans plus tôt que la moyenne. Non seulement les risques cardiovasculaires augmentent avec le tour de taille, mais aussi les risques de cancer. La graisse viscérale pousse une cellule normale et saine à devenir cancéreuse. Les chercheurs connaissent maintenant le mécanisme responsable : la graisse abdominale en excès stimule un facteur de croissance (appelé FGF2) qui intervient dans le développement de cette maladie.

Pour rester en bonne santé, le tour de taille doit se situer en dessous de 94 cm chez l'homme et 80 cm chez la femme. Avec de l'exercice physique et une bonne alimentation, vous réduirez progressivement ce tour de taille, comme nous le verrons plus loin. N'hésitez pas à compléter votre évaluation en mesurant votre tour de cou. Au-dessus de 36 cm chez la femme et de 39 cm chez l'homme, une maladie cardiovasculaire est nettement plus risquée. Enfin, une étude récente portant sur plus de 5 000 femmes, présentant un âge moyen de 49 ans, a montré un lien entre le tour de taille et le niveau d'anxiété. Plus le niveau d'anxiété s'intensifie, plus le tour de taille fait de même.

La balance

Pesez-vous toujours à la même heure, après vous être soulagé aux toilettes. Gardez également en mémoire que les muscles pèsent plus lourd que le gras. Pour faire la part des choses, procurez-vous une balance à impédancemétrie, qui indique le pourcentage de graisse dans votre corps. Ainsi, si vous faites tous les jours de l'exercice, ne soyez pas étonné de voir vos muscles augmenter en poids et la graisse diminuer. Une petite opération arithmétique simple permet à chacun de connaître son poids idéal en calculant son indice de masse corporelle (IMC) :

divisez votre poids par votre taille multipliée par elle-même. Par exemple, si vous faites 65 kg et 1,75 m, vous calculerez 65 divisé par $1,75^2$. Un résultat normal doit se situer entre 18 et 25.

L'autotensiomètre

Vous pouvez facilement vous procurer cet instrument en pharmacie, facile d'utilisation. La tension artérielle doit se situer en dessous de 140/90. Si ce n'est pas le cas, consultez votre médecin. Une mesure régulière permet de dépister tôt une hypertension avant qu'elle ne fasse des dégâts.

Le thermomètre électronique

La température normale se situe à 37 °C, avec des variantes selon les individus qui vont de 36,5 °C à 37,5 °C. Si vous vous situez dans la fourchette basse, c'est une bonne nouvelle. Une étude a en effet révélé que les centenaires avaient en commun une température plus basse que la moyenne. Une expérience a montré qu'en diminuant d'un demi-degré la température d'une souris, celle-ci gagne 15 à 20 % de vie. La restriction calorique qui augmente la longévité provoque aussi une réduction de la température corporelle. Si votre température dépasse 37,5 °C, il peut s'agir d'un syndrome inflammatoire et il est nécessaire de consulter.

Les bandelettes urinaires et les tests réactifs pour les selles

Si vous le souhaitez, vous pouvez vous procurer en pharmacie ces petits tests qui réagissent à votre urine ou à vos selles. Je vous invite à réaliser cet examen tous les six mois. Si vous constatez du sang dans les selles ou du sucre dans vos urines, vous serez ainsi alerté avant l'arrivée des symptômes et pourrez en parler à votre médecin qui vous indiquera la marche à suivre.

Le miroir

Observez votre peau, à la recherche de grains de beauté inhabituels ou nouveaux. Notez si un grain de beauté devient asymétrique, présente des bordures irrégulières, une couleur inhomogène, un diamètre supérieur à 6 mm. Au moindre doute, prenez rendez-vous avec un dermatologue. D'une manière générale, prenez le temps de vous regarder avec attention. L'essentiel est de pouvoir identifier ce qui a changé. Cela peut être la couleur d'un blanc de l'œil à peine plus jaune que d'ordinaire, mais potentiellement témoin d'une pathologie hépatique ou pancréatique ; des ongles qui bombent « en verre de montre » et qui, dans certains cas, sont un signal de cancer du poumon ; des lèvres qui deviennent trop pâles, symptôme d'anémie, ou à l'inverse un teint trop rouge, corollaire possible d'une augmentation des globules rouges (polyglobulie)…

Plus le diagnostic est précoce, plus les chances de guérison sont élevées. La médecine est une course contre la montre. Imaginez un début d'incendie qui serait facile à circonscrire avec de petits moyens. S'il prend de l'ampleur, il va menacer la vie des habitants. Il en est de même pour la santé. Vous êtes le mieux placé pour occuper les avant-postes et détecter les premiers signaux d'alerte. Une consultation précoce peut modifier en profondeur le pronostic des maladies !

L'HYGIÈNE DE VIE

L'hygiène de vie concerne le rapport que nous entretenons avec l'extérieur : le froid, les maladies, la poussière, la saleté… Muni des précieux conseils que je rappelle ici, vous allez apprendre à ne pas laisser entrer chez vous virus et autres bactéries indésirables. L'hygiène de vie c'est aussi l'apparence, notre façon de nous vêtir et de nous comporter. Observer une bonne hygiène de vie permet de se protéger des maladies et d'entretenir une bonne image de soi.

• N'OUBLIEZ PAS DE METTRE UNE ÉCHARPE,
VOUS ALLEZ ATTRAPER FROID
ET TOMBER MALADE POUR RIEN

Une étude récemment réalisée par des scientifiques américains est un véritable hymne à toutes les mamans du monde. Ces chercheurs viennent en effet de démontrer médicalement toute l'importance de porter un cache-nez quand il fait froid. Pour ce faire, ils se sont intéressés aux rhinovirus, virus qui se transmettent par voie aérienne, surtout l'hiver. Ils sont les principaux vecteurs du rhume, susceptible de se compliquer en rhino-pharyngite, angine ou bronchite. Les experts ont noté que ce type de virus se réplique beaucoup mieux dans la cavité nasale où il fait frais (33 °C), à cause du brassage de l'air froid extérieur, que dans les poumons où la température se situe à 37 °C. Or, il se trouve que la réponse antivirale est bloquée à basse température. Les défenses immunitaires fonctionnent très bien à 37 °C, mais sont gênées à 33 °C, c'est-à-dire dans les fosses nasales. Les scientifiques ont d'ailleurs souligné que la température influence plus la réaction du système immunitaire que l'agressivité du virus lui-même. La réaction immunitaire dépend de l'interaction entre le virus et la température du corps. Les défenses immunitaires immobilisées par le froid, les virus et l'infection peuvent ainsi se multiplier rapidement et s'étendre pour créer la maladie. Quand il fait froid, munissez-vous d'une écharpe pour garder votre nez au chaud et bien vous défendre contre les virus. Même si le cache-nez n'a pas été tricoté par maman !

• LE PAILLASSON DE TOUS LES DANGERS

Dans la rue, nous marchons sur toutes sortes de détritus : crottes de chiens, crachats, mégots de cigarettes… Si vous placiez la semelle de vos chaussures sous un microscope en rentrant à la maison, vous auriez froid dans le dos : c'est une vraie jungle là-dessous ! De retour chez vous, vous essuyez sans doute vos pieds avec soin sur le paillasson. Une fois les chaussures nettoyées, vous pensez entrer dans la maison sans transporter la saleté de l'extérieur. On a d'ailleurs bonne conscience quand on effectue plusieurs passages dessus, surtout en présence d'autres personnes. On montre ainsi à quel point on est à cheval sur la propreté. Mais pour se développer et croître, les microbes ont besoin de deux éléments essentiels : du temps et de l'humidité, ce qu'offre généreusement le paillasson. Il représente un véritable aéroport à microbes sur lequel des souliers se posent toute la journée comme des avions, 365 jours par an. Les jours pluvieux, il bénéficie en plus de l'humidité et les microbes s'y incrustent volontiers. De plus, ce tapis n'est en pratique jamais lavé et rarement remplacé. C'est le paradis des bactéries. Tous les jours, les habitants de la maison déposent leurs « présents » microbiens pour que la faune soit encore plus féroce. Pensez donc à le nettoyer tous les mois et à en changer régulièrement.

Mieux encore, adoptez le geste sain et simple observé dans de nombreuses régions du monde : enlevez vos chaussures en rentrant chez vous. Demandez aux visiteurs de faire de même. Au Japon, pays des centenaires, on doit toujours retirer ses souliers à la porte d'une demeure. Une fois retirés, il faut les placer dans le sens de la sortie, comme pour indiquer qu'ils ne doivent être utilisés qu'à l'extérieur du domicile. Sans chaussures, vous circulerez chez vous en chaussettes, en chaussons ou pieds nus. Imaginez la contamination du carrelage de votre salle de bains, du parquet ou du tapis de votre chambre si vous les souillez avec vos chaussures. Ces pièces où vous marchez souvent pieds nus vont servir d'écouvillons pour ensemencer vos pieds de bactéries et virus. Une fois portés dans votre lit, ils auront tout le loisir de se multiplier, surtout si vous n'aérez que rarement votre literie et que persiste l'humidité liée à votre transpiration nocturne.

La première étude scientifique sur le paillasson

Le professeur Michèle Vialette est chef du service de microbiologie du prestigieux Institut Pasteur de Lille. Il s'agit d'un centre de référence reconnu au niveau international pour ses très hautes compétences dans la lutte contre les bactéries et les virus. Cette équipe est à la pointe de la recherche en prévention des maladies infectieuses. Ensemble, nous avons décidé de conduire la première étude jamais réalisée dans le monde sur l'état microbiologique des paillassons. Pour cela, nous avons prélevé 36 paillassons d'immeubles parisiens situés dans des quartiers divers. Le prélèvement était effectué directement sur le paillasson, puis 30 cm à côté. Les résultats ont montré que les deux surfaces étaient contaminées à 80 % à côté du paillasson et à 92 % sur le paillasson lui-même.

En revanche, les prélèvements présentaient une concentration en bactéries 75 % plus importante sur le paillasson que sur les côtés. Conclusion : il vaut mieux passer à côté du paillasson que de s'essuyer les pieds dessus. Il contamine les semelles des chaussures, qui entrent ensuite dans la maison.

Faites de votre maison un espace sain. Si les sols sont propres, vous pourrez découvrir le plaisir de marcher pieds nus, autre astuce pour se relaxer. Vous stimulerez les zones du pied endormies en vous offrant une sorte de réflexologie plantaire à domicile, tout en faisant travailler en douceur les muscles et les articulations. Se sentir solide sur ses pieds nus est bon pour l'équilibre physique et psychique. Ces derniers retrouvent naturellement leur stabilité sans talons ni contraintes.

• NE GASPILLEZ PAS L'EAU POUR RIEN :
LE BOUTON MAGIQUE DES CABINETS
POUR NE PAS SE SALIR LES MAINS

Après avoir fait vos besoins aux toilettes, vous avez le choix : appuyer sur le bouton petit ou grand débit d'eau, afin de mieux préserver l'eau de la planète et s'inscrire dans une démarche écologique. En pratique, l'immense majorité des utilisateurs appuient sur le poussoir correspondant au grand réservoir d'eau, que ce soit après « pipi ou caca », par souci de propreté ou de vitesse. Les chasses d'eau à double vitesse proposent deux variantes selon les marques : petit débit d'eau à 3 litres/ grand débit 6 litres, ou petit débit 6 litres/ grand débit 10 litres. Quels que soient vos besoins, essayez d'appuyer sur le bouton petit débit. Vous serez surpris de constater que le volume d'eau lâché dans la cuvette est bien souvent suffisant. Si ce n'est pas le cas, vous pouvez toujours recommencer avec le même bouton et tout rentrera dans l'ordre. Ainsi, vous venez de faire du bien à la planète, mais pas seulement...

Avec le professeur Vialette de l'Institut Pasteur de Lille à nouveau, nous avons réalisé 31 prélèvements sur les boutons petit débit et grand débit des toilettes de lieux publics parisiens (gares, cafés et restaurants...). Nous sommes partis de l'hypothèse suivante : la plupart des utilisateurs optant pour le bouton gros débit et très peu pour le bouton petit débit, l'état microbiologique devait par conséquent être très différent. Les résultats ont en effet montré que les petits boutons étaient contaminés à 68 % contre 88 % pour les grands. La concentration moyenne de bactéries des grands boutons était cinq fois supérieure à celle des petits boutons (11 % contre 52 %).

Évitez de laver vos toilettes
avec de l'eau de Javel

L'eau de Javel est un mélange de chlore dissous dans une solution de potasse. Si ce composé chimique entre en contact avec de l'acide ou de l'ammoniaque, des gaz toxiques se forment, tels la chloramine et le dichlore, particulièrement irritants pour les yeux et les voies respiratoires. Or, l'urine contient de l'ammoniaque. Pensez alors aux personnes qui urinent dans les piscines pleines de chlore : ils fabriquent ces composants agressifs. De plus, l'eau de Javel ne contient pas de tensioactifs pour bien nettoyer les graisses. En comparaison, je préfère le vinaigre blanc. J'ajoute que certains laissent en permanence accrochés à la cuvette des petits supports en plastique pour obtenir une jolie eau bleue à chaque chasse. Vérifiez-en d'abord la composition pour être certain que vous ne jouez pas aux apprentis chimistes.

Pour faire une petite digression sur l'eau de Javel et le chlore, parlons de l'eau du robinet. En pratique, elle ne contient pas plus de 0,1 mg de chlore par litre. Pour l'éliminer en grande partie, laissez reposer l'eau deux heures au réfrigérateur. Le chlore s'éliminera par évaporation. Si vous recherchez un goût particulier, ajoutez quelques gouttes de citron, qui seront bénéfiques pour votre santé.

• LA POUSSIÈRE : LA BÊTE INVISIBLE
QUI NOUS VEUT DU MAL

La poussière s'accumule partout dans la maison, en fine couche ou en formant des moutons sur les meubles, dans les recoins, sous le lit… Elle s'organise volontiers en suspension au moindre courant d'air. Nous la respirons et l'avalons sans nous en apercevoir. Or, la poussière contient des déjections d'acariens, des micro-fragments de matières plastiques et des solvants chimiques. C'est un marqueur de la pollution d'un intérieur. Elle est le reflet des produits d'entretien utilisés, des combustions de bougies ou de chauffages, des vaporisateurs de laques, de déodorants… Ces produits contenus dans l'air font mauvais ménage avec la santé. Ils ont un potentiel de perturbateurs endocriniens qui se bio-accumulent au fil des années. De plus, les acariens augmentent sensiblement les risques d'allergies.

La poussière qui fait grossir

Des chercheurs de l'université Duke aux États-Unis ont supposé la chose suivante : la poussière de la maison ferait grossir. Ils ont en effet établi un lien entre les composés chimiques contenus dans la poussière que nous respirons et la stimulation des cellules adipeuses. Les produits finement insérés dans la poussière favoriseraient le stockage des graisses. Ils ont noté que ces substances étaient très actives sur les cellules adipeuses, même en faibles quantités. Si un seul contact est sans risque, les problèmes peuvent survenir lors d'expositions répétées et prolongées.

Mon conseil : faire au minimum un grand ménage chaque semaine, passer l'aspirateur, éliminer les poussières avec un chiffon sec avant d'aérer pendant une trentaine de minutes. Il est également important d'oxygéner quotidiennement les pièces de vie (cuisine, salle de bains, chambre, salon) pendant 10 minutes. Sortir son matelas à l'extérieur est une bonne idée, surtout l'hiver, car les acariens meurent lors d'une exposition prolongée au froid.

• TOUT PROPRE : L'HYGIÈNE BIENVEILLANTE

Les gants sales

Il n'y a rien de pire en matière d'hygiène que les fausses sécurités. On se pense à l'abri alors que nous sommes très exposés. À ce titre, l'exemple des gants utilisés par le personnel dans les commerces d'alimentation ou en cuisine est édifiant. Les études ont montré que ces sujets sont en contact avec toutes sortes d'éléments plus ou moins propres, et n'ayant souvent rien à voir avec la nourriture. Ils supposent les gants tellement hygiéniques qu'ils n'en changent pas et ne se lavent plus ou rarement les mains. Résultat, des études ont montré que les sandwichs préparés à mains nues sont deux fois moins contaminés (4,4 %) que les sandwichs préparés avec des gants (9,6 %).

Il est loin le temps des gants que l'on portait « en ville ». C'était pourtant un moyen efficace pour se protéger de nombreuses contaminations. En attendant que cette mode revienne au goût du jour, n'oubliez pas de vous laver les mains quotidiennement en rentrant à la maison.

Les glaçons à vous faire froid dans le dos

Une enquête réalisée aux États-Unis a établi que les glaçons servis dans des chaînes de fast-food étaient à 70 % contaminés par des bactéries dans une quantité largement supérieure à l'eau des toilettes. Les autorités sanitaires en ont trouvé l'origine : les employés chargés de remplir les machines à glaçons, par ailleurs jamais lavées, le faisaient avec des mains sales. Pour éviter de vous rendre malade à la maison en mettant des glaçons « parfum microbes » dans vos verres, lavez vos bacs à glace après chaque usage et remplissez-les d'eau après vous être lavé les mains. Élémentaire, mon cher Watson...

Laver tout de suite la tasse à café

Des spécialistes en hygiène insistent sur le fait de bien laver sa tasse à café après utilisation, surtout si l'on a tendance à en reprendre un autre dans le même récipient. Les chercheurs ont noté que les résidus de boissons laissés au fond des tasses constituent un excellent terrain de développement pour de nombreuses bactéries et champignons. Les résidus sont tellement propices à leur propagation que le marc de café est utilisé comme milieu de culture pour ces derniers. Lavez donc votre mug aussitôt après chaque usage : plus vous attendez, plus les microbes vont prospérer et proliférer pour atteindre la dose minimum infectante. La même mesure est à appliquer pour les thermos, qu'il faut nettoyer avec soin après chaque utilisation.

Le gâteau d'anniversaire contaminé

En soufflant nos bougies disposées sur le gâteau, on projette une véritable douche de bactéries : sa surface en comporte 1 400 % de plus qu'une surface intacte. Voilà comment un dessert d'anniversaire devient plus contaminé que la cuvette des toilettes ! Cela ne signifie pas pour autant qu'il faut refuser sa part de cake, pas d'inquiétude ! Si vous la consommez tout de suite, les microbes n'auront pas le temps de se multiplier suffisamment pour être dangereux. J'émets plus de réserves en revanche à propos du vieux gâteau d'anniversaire qui traîne des heures à la chaleur ambiante sur la table, et que l'on finit le lendemain pour ne pas « laisser perdre ». Dans ce contexte, les bactéries ont pris le temps de proliférer et la fête risque de se terminer par une diarrhée...

Le lave-linge : nouveau mode d'emploi

Je recommande de procéder chaque mois à la toilette de votre lave-linge. Mettez la température la plus forte dont vous disposez, ajoutez un désinfectant ménager et faites un tour de lavage à vide. Vous évacuerez ainsi des résidus qui stagnent dans la machine et peuvent contaminer les lessives suivantes. Finissez ce nettoyage en lavant les joints en caoutchouc autour du tambour, car ils peuvent à leur tour devenir de véritables repaires de microbes.

Quant au linge, pensez à le trier, surtout s'il y a quelqu'un de malade à la maison. Dans ce cas, lavez son linge à part. Des études ont établi que des microbes comme le virus de l'hépatite A, les adénovirus et les rotavirus, responsables de gastro-entérite, résistent aux basses températures. Mais ce n'est pas tout. Savez-vous qu'une culotte sale qui part dans le lave-linge contient en moyenne 0,1 g de germes fécaux ? La température est un moyen efficace de faire le grand ménage. Le linge qui passe à 60 °C a en effet toutes les chances de ressortir sans bactéries, virus ni mites. Concernant les mites, les tests ont d'ailleurs montré qu'à 40 °C, seulement 6 % des mites étaient éliminées contre 100 % à 100 °C.

Les oubliés de l'hygiène

Les microbes aiment se développer là où ils peuvent prospérer discrètement et en toute sécurité. Ils colonisent des objets que l'on manipule souvent sans jamais penser à les nettoyer, même une fois par mois : la salière, le poivrier, la bouteille de ketchup, le pot de moutarde, les poignées de porte, les cartes des menus... Ces réflexes sont importants pour éviter des contaminations inutiles, surtout en période d'épidémies de gastro-entérite ou de grippe. Je ne dis pas qu'il faut vivre sous une bulle pour se protéger de tous les microbes. C'est à la fois inutile et impossible à réaliser. En revanche, il est important d'éviter d'être malade pour rien. Il faut également penser à tous les objets que nous utilisons quotidiennement, comme le smartphone : nous passons nos journées à le manipuler et à parler en envoyant des postillons dessus... En moins de 10 secondes chaque matin, vous pouvez le nettoyer et éviter qu'il ne se transforme en aéroport à microbes. Comme je l'ai dit plus haut, nous mettons en moyenne deux fois par heure les mains à la bouche, voie royale d'entrée des microbes dans notre corps. Vous pouvez évidemment utiliser ces mêmes précautions pour les claviers et souris d'ordinateurs.

Prendre l'habitude d'utiliser une bonne lessive augmente également la garantie de propreté. Enfin, je conseille de toujours bien se laver les mains après avoir mis son linge sale dans la machine, même si les vêtements semblent visuellement « propres ».

Les insolites : la salle de bains qui rend sale

La salle de bains est le lieu par excellence consacré à l'hygiène corporelle. Ce serait rageant qu'elle devienne un lieu d'infection ! Il est temps de lui rendre ses attributs. Pour commencer, ne rentrez jamais dans votre salle de bains avec vos chaussures. Vous avez marché dans les rues sur des surfaces très sales : vous risquez de souiller vos pieds nus propres et de contaminer ensuite votre lit.

Pensez aussi à mettre chaque semaine le tapis de bain à la machine. Dans une atmosphère chaude et humide, le tapis est le lieu idéal pour la croissance des germes. De même, veillez à nettoyer votre pomme de douche tous les mois. Une étude a montré que 30 % des pommeaux sont contaminés, entre autres par *Mycobacterium avium*, qui peut donner des infections pulmonaires. Le microbe se développe dans les petits trous de la pomme de douche, cette dernière devenant ainsi un véritable aérosol à microbes. Pour la laver, dévissez-la pour la séparer du flexible et faites-la tremper une nuit dans du vinaigre blanc. Le matin, rincez, et une fois la pomme remontée, faites couler de l'eau chaude 3 minutes pour bien éliminer le vinaigre. Vous constaterez avec plaisir que le jet est plus puissant grâce à la disparition du tartre qui faisait obstacle. Vous éviterez par la même occasion de vous arroser tous les jours avec une douche de microbes et cesserez de vous demander d'où vient cette toux persistante...

Tout nouveau, pas sain

Pour finir, il faut laver les vêtements qui vont être en contact avec la peau avant de les porter la première fois : sous-vêtements, chemises ou chemisiers, serviettes de toilette, chaussettes... Certains de ces tissus sont imprégnés de substances toxiques ou allergéniques qu'il vaut mieux éliminer avec le lave-linge que par notre transpiration, laquelle augmentera la pénétration de ces substances nocives dans notre corps. Vous risquez des allergies et surtout une bio-accumulation au fil des années de substances cancérigènes comme les formaldéhydes, que l'on trouve par exemple dans les chemises infroissables qui ne se repassent pas. En pratique, ayez le réflexe de toujours sentir vos vêtements neufs, car les produits de coloration ainsi que de délavage émettent une odeur particulière qui n'est pas naturelle. Si après un premier lavage vous percevez encore une odeur de produit chimique, recommencez l'opération.

• LA GARDE-ROBE BIENVEILLANTE

La façon dont vous vous habillez exprime votre façon de penser et vous assigne à un rôle. Et la première impression est souvent la bonne. Lors d'une rencontre, le cerveau met deux secondes seulement à recevoir 50 % de l'image de l'autre. Pendant les quatre minutes qui suivent, la personne complétera les fondements de sa première opinion. Vous n'aurez plus jamais la possibilité de refaire « une première bonne impression ». C'est ce que j'appelle la stratégie de l'accoudoir : au cinéma, quand vous êtes assis à côté de quelqu'un, vous avez 30 secondes pour l'occuper le temps du film. En fait, ce diagnostic s'avère aussi précis que celui établi sur des périodes plus longues. Ces quelques secondes vont donc conditionner la façon dont les autres vous perçoivent. Votre potentiel d'attractivité, de fiabilité et de compétences se joue là. Que ce soit à l'occasion d'une rencontre professionnelle, amoureuse ou informelle, vous pouvez disposer d'un joker ou d'un handicap. Mais changer une première impression, c'est un travail de titan. Vous obligez les autres à se contredire, chose difficile pour eux. Vous devez ramer à contre-courant dans l'esprit de celui qui vous a réduit à un stéréotype. Et pour les rencontres qui se font via les réseaux sociaux, les chercheurs ont noté que le jugement d'autrui est d'autant plus sévère que lors de rencontre réelle. L'écran agit comme un amplificateur des défauts, d'où le succès des « filtres photo ». Notre façon de nous habiller, en plus de l'effet produit sur autrui, a un impact sur nous-même. Une tenue peut nous donner confiance ou inversement. Pour se sentir bien, il faut être en phase avec ce que nous portons et choisir des habits qui nous correspondent. Outre le style, leur propreté aussi envoie des signaux. Un vêtement froissé, taché ou troué est déjà un émetteur.

À votre tour de transmettre à vos enfants ce que vos mères vous ont appris et au-delà… Être « propre sur soi », c'est de la pudeur. C'est se respecter et respecter les autres, c'est un mode de vie qui fait du bien. L'hygiène vestimentaire enfin revêt également une autre dimension : elle nous protège de nombreuses maladies. Il est facile d'acquérir les bons réflexes que l'on reproduira sans ne plus y penser.

Le nœud du condamné

Les études scientifiques concordent : la cravate est un réservoir de microbes. Rarement envoyée au pressing s'il n'y a pas de taches apparentes, elle est en parfaite position pour recueillir des postillons, des fragments de repas et des germes manuportés lorsque l'on fait le nœud. Les soucis ne s'arrêtent pas là. La cravate comprime les veines jugulaires du cou, ce qui réduit le flux sanguin cérébral de 7,5 %. Le risque est de diminuer légèrement les performances cérébrales. Si vous adorez porter une cravate, serrez le moins possible le nœud et envoyez-la régulièrement au pressing.

L'HYGIÈNE ALIMENTAIRE

Au commencement de votre vie, vous aviez le bon mode d'emploi... Votre premier repas a été fabriqué par le corps de votre maman. Dès votre naissance, elle vous a donné ce qu'elle avait de meilleur. Certaines ne pouvant ou ne désirant pas allaiter passent au biberon, un équivalent symbolique du lait maternel. Simple, d'une nutrition parfaite et servie à bonne température, la tétée était le repas idéal : il répondait à la fois à vos besoins énergétiques et à votre goût. Ce lait maternel, c'était votre aliment universel. Après le sevrage, vous avez découvert de nombreuses autres nourritures. Une nutrition saine est la clé d'une bonne santé, et votre mère par instinct le savait. Elle vous a ensuite prodigué de nombreux conseils, qu'il est judicieux de rappeler ici. Manger trop ou mal détériore la santé, conduit potentiellement à l'obésité, et pour finir réduit l'espérance de vie.

Quand vous étiez bébé, votre maman surveillait d'un œil vigilant le lien entre votre poids et ce qu'elle vous donnait à manger, pour que les deux soient toujours en harmonie : vous n'étiez ni trop maigre, ni trop gros. Certains ont glissé au fil des années vers l'excès de poids qui abîme un peu plus jour après jour. Beaucoup sont même devenus ce qu'ils mangent ou ce qu'ils boivent. Observez une personne qui consomme trop d'alcool : son visage est bouffi avec des poches sous les yeux, de la couperose… Le sujet tourné vers les boissons sucrées devient souvent obèse.

Cessons d'être le premier agresseur de notre propre corps. Si vous n'avez pas suivi les conseils judicieux de vos mamans, je vais vous proposer une petite session de rattrapage.

• LE BON MOMENT POUR PRENDRE VOTRE CAFÉ, CE N'EST PAS LE MATIN AU RÉVEIL

Beaucoup associent le réveil au café. L'odeur, le goût du breuvage et le bruit de la cafetière agissent comme des starters pour démarrer la journée l'esprit vif. On boit ce nectar sans y penser, par habitude. Pourtant, réfléchissez bien : au fil des années, cette tasse de café fonctionne de moins en moins bien pour vous réveiller. Un deuxième, un troisième expresso ne changent plus la donne. Quelques heures plus tard, en fin de matinée ou en début d'après-midi, vous ressentez des baisses de forme. Il vous semble alors que votre énergie est au plus bas. L'explication est simple et la nature fait bien les choses. Spontanément, notre corps sécrète au réveil la plus grande quantité de cortisol de la journée. Cette hormone du stress sert aussi à nous mettre en alerte, à nous sentir plus vigilant et mieux réveillé. Vous l'aurez compris, le carburant pour bien démarrer la journée, nous le produisons naturellement dès que nous ouvrons les yeux. Autrement dit, le café pris à ce moment précis de la journée fait doublon avec le cortisol, provoquant pour certains un état de nervosité et de transpiration, voire d'anxiété. Dans la journée, ce taux de cortisol va chuter en même temps que celui de la caféine. Vous ressentirez alors un double coup de pompe.

L'idéal est de prendre le premier café quand vous sentez votre énergie décliner en même temps que le cortisol. C'est entre 11 heures et midi, soit en général quatre heures environ après le réveil, que le cortisol est au plus bas. C'est à ce moment que la caféine se montrera la plus efficace, car il n'y aura plus d'interférence avec le pic de cortisol. Vous éviterez l'effet contre-productif du café pris au réveil, avec l'augmentation de la tolérance à la caféine qui va avec. Vous conserverez votre rapidité de penser et votre énergie intactes au fil de la journée. Vous pouvez aussi tenter une petite expérience. Une étude scientifique vient de mettre en évidence que des étudiants à qui l'on faisait sentir une forte odeur de café sans toutefois le boire devenaient plus performants sur le plan intellectuel ! Faites-vous un « snif » de café, et analysez comment vous vous sentez.

Vous avez aussi sans doute observé qu'avaler le café du matin déclenche automatiquement pour beaucoup d'entre nous l'envie d'aller se soulager aux toilettes, comme si le tube digestif se remettait en marche. En réalité, cette boisson stimule la motricité colique : concrètement, le bol alimentaire qui se trouve dans les intestins se dirige plus vite vers la sortie. Pour être absorbés par l'organisme, les aliments ont besoin d'un temps de contact nécessaire au niveau des intestins. Le passage de la barrière intestinale ne se fait pas instantanément. C'est pour cette raison que beaucoup perdent du poids lorsqu'ils subissent des épisodes de diarrhées. Par ailleurs, le café, s'il augmente les contractions coliques, stimule aussi la sécrétion d'acide gastrique et de gastrine, susceptible de diminuer la motricité gastrique. Or, un estomac qui se vide lentement permet d'augmenter la sensation de satiété, empêchant les grignotages intempestifs. Voilà une bonne raison pour conclure le déjeuner par un café et ajouter ainsi un atout minceur à votre arsenal. Enfin, il faut noter que nous sommes très inégaux par rapport aux risques d'insomnies liés au café. Certains peuvent avaler un double expresso avant de dormir et passer une nuit parfaite, alors que d'autres ne vont pas fermer l'œil de la nuit.

Les bienfaits du café

Des chercheurs britanniques ont comparé 218 études sur le café. Les résultats ont établi des effets globalement positifs pour la santé lorsque l'on en consomme trois tasses par jour. Le café diminue la mortalité globale de 17 %, les accidents vasculaires cérébraux de 30 % et les infarctus du myocarde de 16 %. Il réduit de 18 % le risque des cancers de la prostate, de l'utérus, du foie et de leucémie. Enfin, il baisse de 39 % le risque de diabète de type 2. Il est cependant recommandé de le consommer avec modération pendant la grossesse, du fait d'un risque de prématurité. En cas d'hémorroïdes, il est préférable de s'abstenir de café, de thé et d'épices. Dans tous les cas, il ne faut pas dépasser la dose de six tasses par jour. En effet, à partir de telles quantités, certaines études ont mis au jour des risques possibles d'augmentation de la fréquence de cancers du pancréas et de la vessie. Une fois de plus, ce qui constitue le point fort d'un aliment peut devenir son point faible quand la quantité est excessive.

Un café, oui mais lequel ? Des chercheurs peuvent vous guider sur le choix entre le robusta et l'arabica. Ils ont démontré que le café arabica pourrait améliorer la mémoire, l'attention et la concentration, ce qui n'est pas le cas du robusta. Cela s'explique par la présence d'une substance (CGA) qu'on trouve beaucoup plus dans l'arabica. Vous savez ce qu'il vous reste à faire si vous souhaitez être au top intellectuellement !

• L'EFFET « BALLON DANS L'ESTOMAC » : LE COUPE-FAIM MAISON RADICAL

L'estomac vide représente un volume d'un demi-litre. Quand il est plein, il peut contenir jusqu'à 4 litres d'aliments et de boissons. Dans certains cas d'obésités graves, les médecins implantent un ballon dans l'estomac des patients. Le concept est simple : si l'estomac est rempli en permanence par quelque chose qui occupe l'espace, l'appétit sera fortement diminué, avec une sensation de satiété continue. Les prises alimentaires en seront réduites, faute de place. Le ballon appuie sur les barorécepteurs qui se trouvent dans la paroi de l'estomac. Ces récepteurs à la pression envoient alors un signal au cerveau pour indiquer que le ventre est plein. Cette technique, néanmoins, est exclusivement réservée à des cas d'obésité morbide. Les gastro-entérologues qui mettent ces dispositifs en place les font passer par la bouche à l'occasion d'une endoscopie digestive. Composé d'un matériau contenant de la silicone et d'un élastomère, le ballon est alors gonflé avec une solution saline. Ce système peut de la même façon être retiré lors d'une endoscopie si nécessaire. En s'inspirant de ce principe, on peut fabriquer des « ballons éphémères » pour apprendre à rééduquer son appétit, ce qui permet d'appuyer sur la pédale de frein et de reprendre la main sur son poids.

L'effet flash obtenu en moins d'une minute

Ce qui est le plus évident est souvent le plus efficace : avalez un grand verre d'eau glacée juste avant de vous mettre à table. Vous serez surpris du résultat. L'eau glacée provoque instantanément une réaction physiologique spécifique. L'estomac réagit en se contractant dès lors que le liquide entre en contact avec sa paroi. Le volume de l'estomac peut ainsi se réduire jusqu'à vingt fois pendant une contraction, atteignant la taille d'un poing. Des chercheurs américains ont identifié au scanner « le nerf de la faim », qui correspond au tronc vagal postérieur. Ce nerf se situe tout en bas de l'œsophage, près de l'estomac. C'est lui qui envoie un message au cerveau pour le pousser à s'alimenter quand l'estomac est vide. Les scientifiques ont congelé ce nerf avec de l'argon à l'aide de sondes chirurgicales. Force a été de constater que tous les sujets ayant participé à cet essai avaient perdu du poids. Sans aller jusqu'à ces extrêmes, boire lentement un verre d'eau glacée anesthésie ce nerf au bon moment. Vous aurez le ressenti d'un repas copieux en n'ayant ingéré aucune calorie et vous éviterez de vous jeter inutilement sur des aliments gras et sucrés, qui font bondir l'aiguille de la balance.

Le secret du pain rassis : ne gâchez pas la nourriture

Vous avez à la maison une solution économique et très efficace pour manger moins : il s'agit tout simplement du pain rassis. Reste à vous expliquer comment le faire rassir et le consommer afin de bénéficier pleinement de son effet à la fois coupe-faim et ventre plat.

N'oubliez pas de boire régulièrement

Votre maman vous le répétait mais vous avez oublié. Vous n'imaginez pas à quel point elle avait raison. Une fatigue inexpliquée, un mal de tête, une faiblesse musculaire, des vertiges, un état léthargique, un sentiment dépressif : tous ces symptômes peuvent être simplement liés à un état de déshydratation. On ne s'aperçoit pas toujours que l'on est en manque d'eau car le sentiment de soif n'est pas obligatoirement au rendez-vous pour nous le rappeler. Parfois, quand on ressent ces troubles, on se tourne vers des produits gras et sucrés pour faire le plein d'énergie. Pour sortir de ce coup de pompe, nul besoin d'un déluge calorique mais tout simplement de quelques verres d'eau.

Les effets de la déshydratation prennent d'autres formes plus étonnantes. Une équipe de chercheurs britanniques a montré que prendre le volant en étant déshydraté pouvait s'apparenter à une conduite en état d'ivresse. En réalisant l'étude sur des simulateurs de conduite, ils ont mis en évidence qu'un sujet déshydraté doublait son risque d'accidents graves. Les temps de réaction sont beaucoup plus longs, les pensées moins claires, avec un état de somnolence sous-jacent marqué. Malheureusement, beaucoup décident de ne pas boire avant de partir pour ne pas avoir à s'arrêter en cours de route. Pire, certains ingurgitent 1 ou 2 verres de vin avant de prendre le volant, ce qui diminue les réflexes et augmente en même temps la déshydratation. En se concentrant sur 25 sujets, d'autres scientifiques ont montré que ne pas boire assez jouait sur l'état d'esprit. Ils ont noté que les mêmes personnes étaient de bonne humeur ou maussades selon que l'hydratation était suffisante ou non. Soyez vigilant quand ces troubles apparaissent. De petits signes vous le confirmeront : urines foncées, mauvaise haleine, peau sèche avec un pli qui se forme et se maintient quand vous pincez légèrement votre peau entre les doigts. Pour terminer, sachez qu'avec une bonne hydratation, votre peau sera beaucoup plus élastique, présentant un meilleur éclat. La recommandation classique pour un adulte est de boire au minimum 1,5 litre à 2 litres d'eau par jour. Mais il faut savoir augmenter la dose en cas d'exercice physique ou de chaleur.

De nombreuses religions nous demandent de ne pas jeter le pain, aliment sacré. Quand des études scientifiques nous montrent justement que le pain dur peut nous guérir d'un des principaux fléaux actuels qu'est l'obésité, cela prend tout son sens. Se débarrasser de cet aliment quand d'autres meurent de faim sur notre planète, c'est comme se désolidariser de leurs souffrances. C'est aussi mépriser le travail des hommes qui ont cultivé les céréales. Vous ferez du bien à la planète en ne détruisant pas ce qui peut vous nourrir et vous faire un bien insoupçonné. Gardons à l'esprit qu'un Américain jette chaque jour 450 g de nourriture. C'est l'équivalent de 120 000 km² de cultures de céréales, soit quasiment la surface de l'Angleterre !

Vous ne trouverez pas ici une recette de pain perdu avec des confitures, mais bien de pain rassis « tout nu ». Avant toute chose, je vous déconseille de le passer au four ou au grille-pain, car il perdrait ses propriétés. Le premier avantage du pain rassis est qu'il ne s'avale pas facilement. Pour qu'il glisse et descende dans l'estomac, il faut bien mâcher et laisser à la salive le temps de le mouiller. En pratique, la mastication permet de stimuler la production de substances naturelles qui diminuent l'appétit. Des études scientifiques ont montré que l'on pouvait réduire jusqu'à 15 % ses apports caloriques grâce à une bonne mastication. Elle ferait chuter l'hormone de l'appétit, la ghréline, et améliorait l'absorption du glucose. De plus, quand on mâche, on se focalise moins sur la nourriture. Manger plus lentement permet une meilleure stimulation du centre de la satiété, car les messages prennent plus de temps pour arriver jusqu'au cerveau. Enfin, autre effet bénéfique d'une mastication de qualité, l'augmentation des sécrétions enzymatiques, qui favorisent une meilleure digestion des aliments coupés plus petits en bouche. Résultat : une diminution nette des gaz intestinaux et donc un ventre plat. Les effets bénéfiques du pain rassis ne s'arrêtent pas là. Quand le pain devient rassis, ses propriétés physico-chimiques et nutritionnelles se modifient. Le taux d'amidon résistant augmente. Ces amidons ne sont pas digérés dans l'estomac ni dans l'intestin grêle et arrivent dans le côlon en libérant des molécules protectrices, comme les butyrates et les propionates. Or, ces derniers sont connus pour réduire les apports alimentaires et limiter l'absorption de composants nocifs pour la santé. Il semble qu'ils réguleraient des hormones digestives via des récepteurs spécifiques. Ces molécules agissent donc contre l'obésité et l'insulino-résistance, source de diabète. C'est une première piste pour expliquer l'effet protecteur des amidons résistants contre le cancer du côlon. Ils représentent une bonne source de carbohydrates, dont les bactéries protectrices du côlon raffolent. En outre, le grille-pain comporte certains risques. Le pain trop grillé provoque la formation d'acrylamide, classé comme un cancérigène potentiel. Plus votre pain est grillé, plus le taux d'acrylamide augmente. Si vos toasts sont noirs par endroits, surtout ne les consommez pas, ces parties sont également cancérigènes.

**Apparemment le même aliment :
en réalité deux aliments aux effets très différents**

*La biscotte est souvent associée à une image de régime
et de conduite alimentaire austère. Elle n'évoque pas
vraiment la fête ! J'ai souvent entendu des personnes
voulant perdre du poids me dire : « J'arrête de manger
du pain, je vais me mettre aux biscottes. » Des scientifiques ont décidé de mettre en évidence la différence
entre du pain de seigle levé, autrement dit du pain
dans sa forme traditionnelle, et du pain de seigle non
levé comme des biscottes. Les chercheurs ont mesuré
plusieurs paramètres : le niveau de l'appétit, le taux de
glucose et le taux d'insuline. Selon les résultats, le pain
levé permet de mieux contrôler l'appétit, avec un taux
de sucre dans le sang plus faible. Conclusion, choisissez
le pain « classique », qui sera en plus meilleur au goût.
Il vous apportera une satiété satisfaisante et évitera des
fringales liées à des baisses de la glycémie. Il est aussi
possible que le pain levé, de par son volume, donne
inconsciemment l'impression d'être mieux rassasié...*

Mettez le pain frais sept jours au réfrigérateur

Selon une étude, le taux de cristallisation du pain et le taux
d'amidon résistant montent en flèche dans les jours suivant la
sortie du four, d'autant plus s'il est conservé au réfrigérateur
pendant sept jours. Pour cela, des miches de pain ont été passées
aux rayons X pour observer les différences de diffraction. Ils
ont comparé trois modes de conservation du pain : à température ambiante, au congélateur et au réfrigérateur. Résultat :

les substances bénéfiques étaient beaucoup plus concentrées au réfrigérateur que dans les autres modes de conservation. Contrairement à la conservation du pain à température ambiante, le réfrigérateur permettait de maintenir un taux d'hydratation du pain optimal pour renforcer ses effets avantageux. L'étude a révélé que la durée idéale pour consommer le pain rassis était de sept jours. Ce délai correspond à la plus forte concentration d'amidon résistant. En résumé, faites le test du pain rassis conservé au réfrigérateur. Avant le repas, consommez l'équivalent d'un quart de baguette. Je vous laisse découvrir son effet coupe-faim surprenant. De surcroît, le rapport qualité/prix de ce régime minceur est imbattable !

La poudre magique

La levure du boulanger que l'on peut acheter pour un prix modique dans le commerce a des vertus étonnantes pour perdre du poids. La découverte de ses propriétés est ancienne, puisque nous trouvons des travaux passionnants de Louis Pasteur concernant ces levures. Ces dernières sont des micro-organismes dont certaines souches présentent des effets bénéfiques sur la santé. En ce sens, on peut les considérer comme des probiotiques. Nous avons des levures partout dans notre corps : sur la peau, dans notre tube digestif... Celles du boulanger comportent plusieurs souches comme les *Saccharomyces*, mélangées et utilisées pour la fermentation du pain et sa panification. À partir de 28 °C et avec de l'humidité, les levures vont se nourrir de sucres pour produire du CO_2. Pour chaque molécule de sucre, il se forme deux molécules de CO_2. La levure du boulanger va faire lever le pain : le volume augmente naturellement jusqu'à doubler, voire plus. Lors de cette fermentation, une bonne partie du sucre est engloutie. Si on ajoute de l'acide lactique, la réaction est encore plus importante. Je vous invite à tester ce stratagème coupe-faim. Prenez un yaourt et mélangez-le avec un quart du sachet de levure de boulanger trente minutes avant un repas. Je conseille un yaourt avec des bifidus, à même de limiter des effets de gonflement intestinaux chez certains sujets. Si vous le tolérez bien et que vous ne vous sentez pas trop « gonflé », vous pourrez continuer en adaptant la dose à vos sensations. Ce coupe-faim est idéal comme starter pour un régime. Le fait de ne pas avoir faim rend les choses tellement plus faciles...

Le très gros bol de pop-corn pour être mince

Attention, je ne parle en aucune façon du pop-corn sucré ou salé, qui stimule l'appétit et fait grossir, mais du pop-corn strictement nature. Vous avez remarqué qu'un grand carton de pop-corn reste très léger. En termes de chiffres, 100 g de pop-corn – l'équivalent d'un très grand saladier – représentent 390 calories. Si vous consommez l'ensemble du saladier, vous serez repu pendant des heures. Plusieurs raisons expliquent cet effet coupe-faim. D'abord, son volume : avaler un bol entier d'un aliment déclenche un mécanisme de satiété au niveau du cerveau, comme si l'estomac avait fait le plein. Ensuite, le pop-corn contient un taux de fibres record. Ces fibres accélèrent le transit et augmentent la sensation de rassasiement. Au passage, vous profitez de quelques vitamines et oligo-éléments bénéfiques pour la santé.

Le pop-corn fait figure d'exception parmi les aliments légers en poids, comme les chips par exemple, qui sont des bombes caloriques. Avoir en bouche un aliment qui n'a pas de poids envoie au cerveau le message que « ça ne compte pas ». Combien d'entre nous ouvrent un paquet de chips et vont jusqu'au bout ? Pourtant, avec juste 100 g, c'est 570 calories d'un coup, soit l'équivalent d'un repas. De plus, le côté salé stimule l'appétit. Malgré ce déluge calorique, l'appétit est intact, avec l'impression de ne rien avoir mangé du tout. Mon conseil : ne succombez jamais à la première chips, si vous tenez à votre ligne.

Prenez bien votre bouillie : une cuillère pour maman, une cuillère pour papa...

Bébé, chacun de vous a mangé de la bouillie. Une fois grand, vous n'avez plus essayé cette préparation. Et pourtant... la bouillie est un aliment magique pour celles et ceux qui désirent perdre du poids. On peut faire cette préparation soi-même, ou la trouver toute prête en poudre dans le commerce. Pour la dénicher au supermarché, vous devrez aller au rayon bébé. La recette de la bouillie est simple : des céréales cuites très longtemps dans de l'eau, puis grossièrement écrasées, sans sel ni sucre. Une fois que vous en aurez avalé un bol, votre estomac sera lesté pour la journée et vous n'aurez plus du tout envie de grignoter. Si vous souhaitez préparer une bouillie encore plus efficace au niveau de l'effet coupe-faim, vous pouvez la compléter en utilisant, à la place du lait classique, un lait pour bébé anti-reflux. Il contient des composants naturels comme la caroube, qui alourdissent encore plus la bouillie. Si vous y ajoutez un peu de cannelle, vous retarderez encore plus la vidange gastrique. Surtout, choisissez uniquement des produits sans sucre.

La bouillie agit à plusieurs niveaux. Elle fonctionne comme un aliment retard qui va rester longtemps dans l'estomac, en stimulant les récepteurs à la pression dans l'organe, ce qui provoque une activation forte du centre de la satiété dans le cerveau. Le fait que la bouillie contienne des grumeaux freine la sortie des aliments de l'estomac au niveau du pylore, sa partie terminale. Il faut attendre plusieurs heures pour que ces fragments d'aliments soient dissous et passent la porte de sortie gastrique. L'autre effet est métabolique. La bouillie préparée présente un index glycémique modéré qui évite des sécrétions intempestives d'insuline par le pancréas, avec des hypoglycémies réactionnelles à l'origine de fringales. La bouillie apaise et permet de bien gérer les kilos en trop. En une semaine de bouillie midi et soir, vous serez surpris du résultat sur la balance.

• ÉCORCES, FEUILLES :
DES ALIMENTS AUX SUPER-POUVOIRS

En hiver, les cerfs ont des difficultés pour se nourrir. Ils déploient une grande activité pour trouver des aliments ou pour échapper aux chasseurs. De plus, le froid accélère la fonte des graisses et demande plus d'énergie. C'est pourquoi en cette saison les cerfs sont réputés pour grignoter l'écorce des arbres. Ils mordillent, sucent et mâchouillent lentement. Intrigué par ce comportement, j'ai cherché à en savoir plus. Certaines écorces d'arbres sont amères et toutes sont très fermes. Je n'ai pas pu m'empêcher de penser que depuis des millénaires, les cerfs avaient peut-être découvert un effet coupe-faim naturel pour tenir quand il n'y a rien à manger. Si nous ne pouvons certes pas faire passer nos fringales en croquant les troncs d'arbres, nous avons en revanche des écorces comestibles à notre disposition, ainsi que des légumes à bas prix que l'on trouve facilement dans le commerce.

La cannelle

De nombreux scientifiques se sont penchés sur les effets de la cannelle. Il a été mis en évidence une action brûle-graisses propre à cette épice. La cannelle freine l'absorption de glucose, or, plus ce taux est élevé plus l'insuline est sécrétée, provoquant dans un second temps de désagréables fringales comme nous l'avons vu plus haut. Par ailleurs, la cannelle retarde la vidange gastrique, ce qui accroît le sentiment de satiété. Faites infuser un bâtonnet d'écorce de cannelle dans une tasse d'eau chaude et vous bénéficierez instantanément de ses effets.

Le gingembre

Le gingembre fait partie des coupe-faim naturels faciles à consommer. Laissez infuser des racines de gingembre soigneusement épluchées dans de l'eau bouillante pendant quinze minutes. Vous pouvez ajouter un citron pressé, mais surtout pas de miel ou de sucre. Voilà l'apéritif idéal pour ceux qui voudraient perdre du poids. En dehors de son effet coupe-faim, il optimise la digestion en activant la sécrétion d'enzymes digestives. Le transit est plus rapide et les gaz diminuent : un atout sérieux pour garder ou retrouver un ventre plat.

L'endive

L'endive à son tour a un véritable atout : son goût amer a un effet coupe-faim puissant. Si elle est servie froide, l'impact est encore plus significatif. Présentez des feuilles d'endives pour l'apéritif, au lieu d'utiliser des cacahuètes salées ou des biscuits qui attisent l'appétit. Vous pouvez vous servir de la forme incurvée de l'endive pour la garnir de petits quartiers de pample-mousse, de lime, de radis noir. Vous réalisez des économies et vos invités ne dévaliseront pas votre réfrigérateur ! Vous pouvez aussi couper un radis noir en rondelles et disposer dessus des tomates cerises coupées en deux. Vaporisez enfin un peu d'huile d'olive choisie pour son amertume. Vous observerez qu'on mange plus lentement quand le goût est amer. Peut-être un réflexe de nos ancêtres qui, lorsqu'ils goûtaient un aliment amer, se méfiaient du poison...

L'étude mystère

Nos goûts conditionnent nos choix alimentaires, mais pas seulement. On vient de découvrir que les personnes ne supportant pas le goût amer présentent 58 % de risques en plus de développer un cancer. Dans un premier temps, les chercheurs ont émis l'hypothèse que ce dégoût les poussait naturellement à moins manger de légumes au goût amer, réputés pour leur effet protecteur, mais cela n'a pas été avéré. Pour le moment, les scientifiques n'ont trouvé aucune explication et le mystère reste entier quant au lien unissant les deux phénomènes.

L'artichaut

Pour ceux qui veulent perdre du poids, je recommande de mettre l'artichaut au menu. Il dispose de nombreux avantages. Visuellement, il fait volume, ce qui évite l'impression d'être « puni » par une ration trop petite. Ce que l'on voit dans notre assiette a en effet un impact sur notre sensation de satiété. Mais les choses ne s'arrêtent pas là. Prenez un verre d'eau après avoir terminé votre artichaut. Vous trouverez l'eau sucrée, comme si vous avaliez un dessert en plein milieu du repas. Ce goût est dû à l'inuline contenue dans l'artichaut, à l'origine de cette sensation surprenante au niveau des papilles gustatives. Ce signal sucré envoie un message de fin au cerveau, comme si le repas était terminé. C'est le coup de frein nécessaire pour limiter le nombre de calories absorbées.

L'autre avantage de l'artichaut, outre sa faible teneur en calories, c'est sa richesse en fibres. Pour en profiter au mieux, essayez de gratter au maximum avec vos dents la partie dure de chaque feuille après en avoir mangé le bout. Vous ferez ainsi le plein de ces fibres particulières qui vous donneront une sensation de plénitude à « petits prix » caloriques.

Les effets surprenants du micro-ondes sur le thé vert

Le thé vert présente de nombreux bienfaits pour la santé. C'est le thé qui a subi le moins de transformations après la cueillette. De nombreuses études réalisées en Asie ont montré que sa consommation régulière pourrait diminuer la fréquence de cancers digestifs et de maladies cardiovasculaires. Le professeur Vuong à Newcastle vient de mettre en évidence que la meilleure façon d'extraire les composés bénéfiques du thé vert est de le chauffer au micro-ondes. Il libère ainsi davantage de composés bio-actifs comme les polyphénols, les catéchines, la théine et la caféine. La recette de cet expert est simple : versez de l'eau chaude sur le sachet de thé, passez-le trente secondes au micro-ondes à mi-puissance, puis laissez reposer le breuvage une minute. L'extraction des composés est améliorée de 80 %, ce qui est considérable. Comparativement, la méthode classique d'infusion dans de l'eau chaude n'extrait que 10 % des substances bénéfiques. En une tasse passée au micro-ondes, vous aurez ainsi les bénéfices santé de huit tasses en une fois. Attention à ne pas utiliser de tasses ou de mugs en plastique, car des composants de ces matières plastiques pourraient migrer dans le thé. Même en très petites quantités, ils peuvent à la longue devenir des perturbateurs endocriniens en s'accumulant dans le corps. Avec de la porcelaine ou du verre, ce risque est nul. Enfin, une autre étude concernant à la fois le thé vert et le thé noir vient d'être publiée. Les scientifiques ont remarqué que les consommateurs réguliers de thé modifiaient leur microbiote, c'est-à-dire leur flore intestinale. Cette dernière contient moins de bactéries « pro-obésité », et plus de bactéries associées à une masse corporelle maigre, à condition bien sûr de boire le thé sans sucre. Voilà peut-être une piste de réflexion pour tenter de comprendre pourquoi les populations asiatiques présentent moins de cas d'obésité.

• LES ALIMENTS ÉPONGES

Pour réduire autrement le volume de l'estomac, il faut avaler des aliments qui vont prendre plus de place. On remarque en effet qu'après avoir mangé un certain type de nourriture, on se sent vite rassasié. Le mécanisme est facile à comprendre. La pression à l'intérieur de l'estomac active des récepteurs qui provoquent un effet coupe-faim immédiat. C'est ce qui se passe après un repas copieux, quand on ne peut plus rien avaler. Sans atteindre de telles extrémités, on peut choisir des aliments semblables à un parachute qui se déploierait lentement dans l'estomac : ils prennent naturellement de la place et entraînent une envie de sortir de table. Si vous les prenez en début de repas, vous augmenterez vos chances de mieux contrôler votre poids.

L'aubergine : une éponge de qualité

L'aubergine est très faible en calories (environ 30 cal/100 g), riche en fibres et bourrée de vitamines. C'est surtout un aliment qui contribue à une bonne satiété et diminue les apports alimentaires. Cuisinée à la vapeur ou tout simplement avec d'autres légumes, elle va remplir l'estomac et jouer ainsi un rôle de coupe-faim naturel. Une fois mangée, elle se regonfle dans l'estomac. Je souligne qu'il faut éviter de la préparer dans un bain d'huile, sinon elle absorbe toutes les graisses et devient un ennemi de la ligne minceur. Vous pouvez agrémenter les aubergines d'épices pour leur donner du goût. On peut aussi les cuire au four à feu doux pour qu'elles ne grillent pas.

Les champignons de Paris

Ces champignons sont également parfaits : riches en fibres, en vitamines, et avec très peu de calories. Comme pour l'aubergine, ne les faites pas cuire dans la graisse. D'un aliment light, vous passeriez à un aliment « lourd ».

• N'AVALEZ PAS VOTRE REPAS EN DEUX MINUTES

Observez les mères et les pères qui vérifient la température du lait en en versant une goutte sur le dos de leur main. De même, ils soufflent toujours sur la cuillère à soupe pleine de purée pour la refroidir. Ils prennent leur temps et évitent ainsi à leur enfant de boire ou de manger trop chaud. Gardez ces précieux gestes en mémoire, ils sont un éloge de la lenteur. En mangeant plus lentement, on se nourrit et on grossit moins.

Le centre de la satiété a le temps d'être stimulé au niveau du cerveau (voir plus bas). En ralentissant, vous contrôlerez votre poids, élément fondamental. En effet, nous faisons face aujourd'hui à une véritable épidémie mondiale de surpoids. L'obésité est une urgence et sa gravité tient dans le fait qu'elle n'est justement pas considérée comme telle. On vit avec sans y prêter attention tandis qu'elle détruit sournoisement mais méthodiquement le bon fonctionnement des organes, ouvrant la porte à un cortège de maladies destructrices, dont le cancer. Le cancer, c'est comme un concert. Plusieurs instruments se mettent à jouer en même temps pour aboutir à un morceau funeste. Ensemble, ils ont plus d'impact que s'ils jouaient séparément. Imaginez que chaque instrument représente un facteur de risque : le tabac, l'alcool, l'obésité, la sédentarité, boire trop chaud… Chacun de ces facteurs opère en synergie pour un potentiel décuplé.

Les excès de vitesse sont sanctionnés par des contraventions lourdes : les kilos

À quantités égales, celui ou celle qui se conduit à table comme un aspirateur pour gober les aliments prend plus de poids que celui qui mange lentement. Des médecins japonais ont suivi pendant six ans 60 000 volontaires. Ils ont montré que les mangeurs « lents » présentaient 40 % de risques en moins d'obésité que les autres. Il est évident que plus un sujet mange vite, plus il absorbe en quantité excessive. Les mécanismes de régulation de l'appétit n'ont pas le temps de s'activer. Même la physiologie du plaisir n'est pas stimulée, puisque le sujet n'a plus conscience de ce qu'il avale. Il ne prend pas le temps d'analyser les subtilités du goût ni ce qui le pousse à mettre sa fourchette à la bouche ou non. En résumé, si vous faites partie des mangeurs rapides, vous vous exposez à l'excès de poids et au manque de plaisir à table.

Le cordonnier est le plus mal chaussé

Si les chercheurs japonais soulignent toute l'importance de manger lentement, de nombreux restaurateurs asiatiques semblent pourtant tout faire pour que vous expédiiez votre repas à toute vitesse. Cela peut se comprendre : les tables tournent plus vite si le client ne s'éternise pas. À peine assis, on vous présente sur la table l'intégralité du repas commandé, avec des plats chauds que vous ne devez pas laisser refroidir. Souvent, la cuisine « du partage » est mise en avant, pour que chacun goûte à tout. Pour moi, cela sous-entend aussi que l'on va partager les microbes des uns et des autres en plongeant toutes nos cuillères dans le même plat. De plus, vous vous faites délester de ce que vous aimez pour aller vers des mets que vous n'avez pas choisis. Cette frustration vous pousse à recommander encore et encore, ce qui fait monter l'addition. Beaucoup pensent qu'en allant au restaurant japonais, on mange sain et léger. Ce n'est malheureusement pas le cas : la quantité importante de sel stimule l'appétit et augmente votre poids le lendemain. La quantité de riz blanc, dont l'index glycémique est élevé, augmente le taux de sucre sanguin. Les tempuras (même de légumes) n'ont rien à envier aux frites au niveau calorique. Ne pensez pas que le sort s'acharne contre vous si vous grossissez alors que vous allez au restaurant japonais deux fois par jour. Le petit morceau de saumon cru sur votre sushi vous donne bonne conscience, mais cela ne suffit pas.

Certains mangent vite de peur de manger froid : au contraire laissez refroidir, c'est mieux pour l'œsophage. Une autre équipe de chercheurs japonais a pris le temps d'étudier 1 000 sujets pendant cinq ans. Ils ont mesuré la vitesse à laquelle ils mangeaient et les ont ainsi séparés en trois groupes. Les résultats ont clairement prouvé que les mangeurs rapides présentaient cinq fois plus de syndromes métaboliques que les mangeurs lents. Le syndrome métabolique est caractérisé par la réunion de plusieurs facteurs, parmi lesquels l'obésité abdominale, autrement dit un gros ventre, un taux de sucre à jeun trop élevé, un taux de triglycérides élevé et un taux abaissé de bon cholestérol (HDL). Quand on mange vite, la glycémie fait des montagnes russes, ce qui peut conduire à la résistance à l'insuline. La prochaine fois que vous êtes à table, calculez combien de temps vous mettez à avaler un plat et multipliez ce temps par trois. Vous disposez maintenant d'un atout efficace pour garder la ligne.

Les aliments « dos-d'âne »

Quand on a pris l'habitude de manger à 130 km/h, il n'est pas facile de redescendre à 50 ! En général, on essaie le temps d'un repas, mais les mauvaises habitudes reviennent au galop. Pour changer durablement et sans trop fournir d'efforts, il faut réussir à tenir trois semaines en prenant ses repas à petite vitesse. Pour vous aider, je vous recommande les aliments « dos-d'âne ». Quand vous rencontrez des dos-d'âne sur la route, vous n'avez plus le choix : vous êtes obligé de rouler doucement. Ces aliments décélérateurs vont de même vous aider à reprendre la main en douceur, car vous devrez obligatoirement mâcher plus longtemps pour pouvoir les avaler. Je citerai pour exemple la partie fibreuse des asperges et de l'ananas, le calamar ou le poulpe bien ferme, les pâtes au blé dur *al dente*… Il existe aussi des aliments qui ne peuvent pas se manger rapidement et qui vont vous obliger à lever le pied de l'accélérateur, tels que les artichauts ou le crabe entier. La partie comestible de ces aliments étant difficilement accessible, on les déguste plus lentement. Je conseille aussi le riz brun *al dente* qui fonctionne très bien. Voici quelques conseils néanmoins pour éviter de tomber malade avec du riz, qu'il soit blanc ou brun. On a souvent tendance à en faire trop et à le finir le lendemain en salade. Dans tous les cas, mettez-le vite au réfrigérateur. Il peut contenir après cuisson des spores de *Bacillus cereus* qui se transforment à température ambiante en bactéries à l'origine de toxi-infections alimentaires sévères. Le riz ne peut être conservé au réfrigérateur que vingt-quatre heures et resservi une seule fois. Il est aussi conseillé de le cuire dans un grand volume d'eau afin de diminuer les traces d'arsenic contenues dans certains riz.

Le test du cracker

Un généticien américain a mis au point le test du cracker. Prenez un cracker en bouche et notez combien de secondes sont nécessaires pour que le goût passe de fade à sucré. Si c'est moins de quatorze secondes, cela signifie que votre organisme réagit mieux face aux apports en glucides. Si vous dépassez trente secondes ou si vous ne constatez aucun changement gustatif, c'est que vous avez du mal à assimiler les glucides et qu'il faut diminuer les sucres. Ce test demande à être confirmé par des études ultérieures, mais vous ne risquez rien à essayer.

Si vous déjeunez d'une assiette de pâtes, évitez de les rincer après les avoir égouttées. En enlevant la partie collante, vous éliminez le précieux amidon, qui est votre allié minceur. Ne mettez pas de sel pour stimuler votre appétit, et remplacez-le par du poivre. Ne pas saler limite automatiquement les quantités que l'on avale. Quitte à manger des pâtes, autant qu'elles vous fassent grossir le moins possible ! Faites comme en Italie : gardez un petit verre d'eau de cuisson pour le mélanger à la sauce tomate. Grâce à l'amidon, elle n'en sera que plus onctueuse et vous éviterez de rajouter des matières grasses. N'oubliez pas qu'une cuillère à soupe d'huile, même d'olive, correspond à 90 calories. Pour une bonne satiété, je vous conseille de choisir les pâtes complètes. Elles disposent d'un index glycémique plus bas, utile si vous souhaitez garder la ligne.

• LE SUCRE QUI FAIT VIEILLIR TROP VITE

Rappelez-vous votre enfance. Vous commenciez par des nounours en guimauve, des fils de réglisse, des roudoudous... Impossible de vous arrêter ! C'est normal : le sucre stimule dans le cerveau les mêmes zones que la cocaïne, d'où notre facilité à devenir *addict*. Bien sûr, notre organisme a besoin de sucre pour être énergique, mais en quantité mesurée. Aujourd'hui, un enfant de 7 ans a consommé autant de sucre que son grand-père durant toute sa vie. L'excès de sucre coïncide avec la montée de l'obésité et du diabète. Les risques de maladies cardiovasculaires et de cancers augmentent et les rides se forment plus précocement. Quand on réalise un TEP Scan pour rechercher des cellules cancéreuses dans l'organisme, on commence par faire une injection intraveineuse de sucre, car ces cellules en raffolent. Si elles sont présentes, elles se précipitent dessus et se rendent repérables.

Le sucre appelle le sucre. Pour vous libérer de cette addiction, commencez par ne plus en ajouter à votre café ou votre thé. Cela vous paraîtra difficile pendant trois semaines, puis cette habitude ne vous posera plus de problème. Quand quelqu'un mettra un morceau de sucre dans votre boisson, vous trouverez cela écœurant et ne pourrez plus l'avaler. Ensuite, apprenez à découvrir le sucre caché dans les sodas, les plats cuisinés, les céréales raffinées. Peu à peu, vous vous libérerez de votre dépendance, un pas de plus vers le bien-être.

• BOIRE OU MAIGRIR : FAUT-IL CHOISIR ?

C'est là tout le paradoxe : on trinque volontiers « à la santé », alors que cette dernière n'est pas au rendez-vous ! Dès que la consommation d'alcool monte un peu, les risques de maladies augmentent, en particulier de cancers. Certains experts recommandent de ne pas dépasser 10 verres par semaine, en observant deux jours d'abstinence.

Si vous devenez rouge après avoir bu
un verre d'alcool, ce n'est pas bon signe

Depuis des années, on essaye de comprendre pourquoi les boissons alcoolisées augmentent à ce point les risques de cancers, en particulier ceux de la langue, de la gorge, de l'œsophage, du foie, du pancréas, du sein et du côlon. Des scientifiques viennent de publier leurs résultats dans la revue *Nature*. En réalité, l'alcool abîme l'ADN des cellules souches chargées de renouveler notre organisme. Ces dommages génétiques peuvent être à l'origine de cancers. L'alcool provoque des erreurs de transcription cellulaire qui risquent ainsi de mettre la vie en jeu. L'éthanal, un composé créé quand l'alcool est ingéré, en est à l'origine. Deux enzymes naturelles sécrétées par le corps limitent les effets cancérigènes de cet éthanal, en particulier l'enzyme ALDH2. Si cette dernière est en quantité trop faible, l'un des signes apparents sera une rougeur du visage.

Flash actualité sur l'alcool

Des derniers travaux scientifiques publiés en 2018 portant sur 600 000 personnes montrent que boire plus de 5 verres de boissons alcoolisées par semaine raccourcit l'espérance de vie. Les risques d'accidents vasculaires cérébraux, d'infarctus du myocarde et d'anévrismes augmentent. Pour éviter toute polémique sur la taille du verre, le volume correspond à des verres de 175 ml. Selon l'étude, avec 10 verres par semaine, on perd jusqu'à deux années de vie. Au-delà de 14 verres par semaine, c'est cinq années de vie qui s'envolent. C'est beaucoup pour quelques verres de trop...

D'un autre côté, des chercheurs ont noté qu'avec une quantité allant jusqu'à 5 verres par semaine, on relevait une baisse des attaques cardiovasculaires fatales. Une autre équipe scientifique a mis en évidence qu'avec 3 à 5 verres d'alcool par semaine, le risque de cancer n'était pas établi. Une équipe brésilienne quant à elle a démontré qu'une consommation très modérée d'alcool pouvait être une protection cardiovasculaire. En stressant modérément nos cellules cardiaques, l'alcool en effet active l'enzyme ALDH, qui aide certains déchets toxiques à s'évacuer, y compris ceux de l'alcool.

Il faut l'interpréter comme un signal d'alerte et boire avec une très grande modération. Nous ne sommes pas égaux en termes de santé. Il ne s'agit pas de tenir ou non l'alcool, mais de savoir si certains sont plus vulnérables que d'autres. Il est évident que plus nous avançons en âge, plus notre ADN est fragile et peut générer des erreurs. Si vous aimez les boissons alcoolisées, privilégiez la rareté. Réservez-vous pour les meilleurs vins et les grandes occasions, afin de protéger « le disque dur » de vos milliards de cellules.

Les animaux sont-ils ivrognes ?

Les brasseries « open bar » de Malaisie

Il existe toujours des exceptions pour confirmer la règle. J'ai découvert en Malaisie un curieux animal : le ptilocerque, une petite musaraigne. Il adore les palmiers bertam, à l'origine d'une boisson alcoolisée qui ressemble à la bière. L'arbre, fleuri toute l'année, dégage une odeur de brasserie caractéristique. Ce sont ses fleurs qui produisent un alcool à 3,8 %. Le ptilocerque consomme en douze heures l'équivalent de 12 verres de vin ! Paradoxe, il n'est jamais saoul et ne développe pas de maladies liées à l'alcool, car il détient le pouvoir de détoxifier son foie d'une façon impressionnante. C'est un vrai mystère pour la médecine. Autour de ces fameux palmiers, d'autres espèces viennent s'abreuver avec plus de modération : les chauves-souris. Néanmoins jamais ivres malgré leur consommation d'alcool, elles ne s'exposent pas aux prédateurs en volant de façon maladroite.

Je me suis intéressé à la façon dont les animaux se comportaient vis-à-vis de l'alcool. Dans la nature, il existe des

fruits pourris au pied des arbres fruitiers qui produisent naturellement de l'alcool. Ainsi, on a découvert que les éléphants ou les
daims en consommaient à leur insu. Les cas de chimpanzés ou
d'orangs-outans devenant « alcooliques » ne sont notés que chez
des primates en captivité dans des zoos ou des parcs d'attractions, à qui les badauds proposent ces boissons. Dans leur milieu
naturel, ces mêmes animaux ne consomment quasiment jamais
de matières végétales en décomposition, productrices d'alcool.

En règle générale, les animaux ne manifestent pas de goût
inné pour l'alcool. Il faut commencer par les forcer un peu,
comme un adolescent qui détestera ses premiers verres de vin.
Une fois les effets psychotropes ressentis, le risque, comme chez
les humains, est d'entrer progressivement dans une dépendance.

Le janvier sec des Anglais

Beaucoup d'Anglais décident de ne pas boire une goutte d'alcool
en janvier. Il s'agit d'un arrêt volontaire et strict. Cette opération se
révèle souvent être un succès, pour une raison simple : au même
titre qu'il y a un entraînement à boire en groupe, il y a un effet
identique à être sobre « en équipe ». Suite à une étude au sujet
de cette tradition, force a été de constater qu'en un mois, le taux
de graisse dans le foie avait baissé de 15 %. C'est important, car
le foie est un écran majeur de l'organisme. S'il est gras, il filtre
mal les produits toxiques comme les cancérigènes. D'autres effets
ont été notés : une baisse de 16 % du taux de sucre dans le sang
et, après trois semaines, un sommeil de bien meilleure qualité. Les
nuits sans alcool permettent de se reposer vraiment et d'être en
pleine forme le matin. Dernier point : tous les adeptes du janvier
sec perdent en moyenne 1 kilo sans rien changer à leurs habitudes
alimentaires. Cela n'est pas étonnant, quand on sait que 300 ml
de vin représentent l'équivalent de trois belles portions de frites.

Des différences entre les alcools,
les uns valent-ils mieux que les autres ?

Des scientifiques britanniques ont voulu identifier les différents effets sur l'organisme selon le type d'alcool ingéré. Sur 30 000 sujets âgés de 18 à 34 ans, ils ont noté que les personnes se sentaient « plus sexy » avec une liqueur forte et plus détendues avec un verre de vin rouge. L'effet relaxant de ce dernier tient à sa composition. Il renferme de la mélatonine, une hormone qui favorise l'endormissement ; mais attention, il ne s'agit pas d'un sommeil réparateur de qualité. Il faut garder à l'esprit que les boissons alcoolisées font grossir : une bière représente l'équivalent en calories d'une saucisse de Francfort (130 calories), un verre de vin s'apparente à un gros biscuit au chocolat. Dans tous les cas, boire à jeun rend ivre plus vite. Je souligne aussi que l'alcool déshydrate, ce qui provoque souvent une accélération du cœur, avec parfois des palpitations. Enfin, un digestif ne favorise pas la digestion, mais au contraire la ralentit.

Vive le rosé ?

Le rosé est à la mode. Ses polyphénols protecteurs cardiovasculaires le situent à mi-chemin entre le vin blanc et le vin rouge. Il est légèrement moins calorique que le vin rouge. Son point fort : il a l'avantage d'être souvent bu avec des glaçons. Comme je l'ai dit plus haut, le vin n'hydrate pas et peut favoriser des coups de pompe, surtout quand il fait chaud. Les glaçons en quantité apportent au moins de l'eau. Faites durer votre verre de rosé en rajoutant le plus de glaçons possible pour être en forme après le repas.

• UN INSTANT SUR LA LANGUE,
TOUTE LA VIE SUR LES HANCHES

Manger trop et vite fatigue l'organisme et augmente les risques d'obésité. Cela ne sert à rien. Des études scientifiques prouvent qu'avaler des repas trop copieux présente des risques. Des chercheurs suédois ont montré que se nourrir de fast-foods, même pendant une courte période, peut avoir des impacts sur le long terme. Ces kilos sont littéralement stockés par le corps de telle sorte qu'il est ensuite très difficile de s'en séparer, même quand on décide de manger sainement. Enfin, cet excès de graisse tend à se concentrer plus spécifiquement sur les hanches.

Un repas trop copieux peut également multiplier le risque d'accident cardiovasculaire par quatre. Des chercheurs ont étudié à la loupe l'impact sur l'organisme du repas suivant : déjeuner composé d'un maxi-burger accompagné de frites, sans oublier un milk-shake au lait entier avec de la crème fraîche et plusieurs boules de crème glacée. Il a été noté, dans les deux heures qui suivaient le repas, une baisse d'élasticité des vaisseaux et une diminution de la vigilance du système immunitaire. La fatigue ressentie après ce déluge calorique correspond en même temps à une baisse de notre système de défense et de performance de notre système cardiovasculaire. Pour des sujets jeunes, l'incidence est moins sensible que chez les plus âgés, dont le système immunitaire et les artères sont plus fragiles.

• GÉREZ LES ÉCARTS

Les écarts qui font maigrir

« J'ai fait plein de bêtises avec la nourriture hier. J'ai cédé à une orgie en me disant que demain, je me mettrais au régime. Je ne pouvais plus m'arrêter ! J'ai mangé des rillettes, du saucisson, des frites avec de la mayonnaise, du steak béarnaise... Pour me donner bonne conscience, j'ai terminé par une mousse de fruits rouges très généreuse mais dite allégée sur la carte. Ce matin, surprise : sur la balance j'ai perdu un kilo. C'est à n'y rien comprendre. Je me prive et je ne décolle pas, je fais n'importe quoi et je maigris ! »

Comment expliquer ce curieux phénomène ? En voici quelques raisons. Les écarts importants portent souvent sur les desserts. Beaucoup de ces desserts parce que « light » contiennent du maltitol, un édulcorant qui peut, dès lors que l'on en consomme un peu trop, avoir un effet laxatif allant parfois jusqu'à la diarrhée. Cet afflux de maltitol provoque une évacuation rapide des matières fécales jusqu'alors en attente. Dans d'autres cas, le fait d'avaler après une période de régime des aliments gras comme des frites ou de la mayonnaise provoque le même effet. L'huile agit comme un lubrifiant, ce qui libère plus vite les matières. Mais il ne faut pas se réjouir trop vite, car des écarts répétés produisent l'effet inverse et l'aiguille de la balance bondit cette fois-ci dans le mauvais sens. Conclusion : lorsque vous êtes vigilant sur votre poids, réservez-vous un repas où vous lâchez la pression. Cette orgie calorique est gommée le lendemain et vous repartez sans sentiment de culpabilité vers votre objectif minceur.

Dites-vous merci

Il est important de s'accorder des récompenses pour qu'un régime tienne la route. « Toute peine mérite salaire » : ce proverbe résume à lui seul l'échec des régimes dans 95 % des cas. Si vous décidez de faire des efforts pour maigrir, vous vous attendez quotidiennement à recevoir une récompense en échange. Cette gratification, c'est la balance qui doit afficher des centaines de grammes en moins chaque matin. Il suffit qu'un jour ou deux l'aiguille soit bloquée pour que vous perdiez courage. Vous avez bien travaillé et vous n'avez rien en retour. C'est déprimant. Puisque c'est comme ça, autant tout laisser tomber. Vous basculez alors dans un nouveau cycle d'échec. L'organisme déteste l'effet yoyo et le fait en général payer par des kilos encore plus nombreux. Pour tenir et conserver une bonne motivation, il faut chaque jour s'octroyer une petite récompense. Par exemple, à la fin d'une journée où vous avez tenu sans écart, gratifiez-vous par une petite quantité de ce que vous aimez. Si vous êtes amateur de chocolat, mangez-en deux petits carrés, ou un bonbon, un mini-esquimau... C'est comme si vous fêtiez votre journée de succès, ce qui va renforcer l'image de soi. Vous apprenez ainsi chaque jour à vous célébrer comme il se doit. Il en va de même pour l'exercice physique : si vous pouvez faire du vélo d'appartement, associez l'effort à une série télé que vous aimez. Après la douche, parfumez-vous avec votre fragrance favorite, comme pour bénir l'effort que vous venez de réaliser. Ces petites attentions vont associer dans votre cerveau régime et exercice physique, en allumant les circuits de la récompense. Vous n'adhérerez que mieux à vos excellentes décisions. Enfin, en vous pesant seulement une fois par semaine, vous n'aurez que de bonnes surprises. Il suffit d'avoir ingurgité trop de sel caché dans un plat « diététique » préparé ou au restaurant pour faire remonter l'aiguille de la balance pendant vingt-quatre heures. Sachez aussi que naturellement, le cycle menstruel peut faire bouger le poids sur la balance.

Toute peine mérite salaire

Des chercheurs de Chicago ont mis en évidence que des paiements étalés rendaient les consommateurs plus heureux de leur achat que s'ils le payaient en une seule fois. Dans le cas présent, les participants pouvaient louer une automobile 20 dollars par jour, ou 7 250 dollars pour une année. Les paiements quotidiens ont généré beaucoup plus de satisfaction, les sujets soulignant le bénéfice psychique d'un achat récurrent.

Léchez votre assiette

Il est très mal vu de lécher son assiette. En vous comportant de la sorte, vous sortez du cadre des bonnes manières. Et pourtant... Ce qui fait prendre du poids, c'est de continuer à manger, alors que l'on a déjà avalé les calories nécessaires à une alimentation équilibrée et saine. Par habitude, parce que l'on mange trop vite, on se ressert mécaniquement jusqu'au moment où l'on sent que l'on va éclater. Il n'existe aucun médicament pour arrêter ce train lancé à toute vitesse et qui vous abîme. Je vous propose un petit test à réaliser quand vous serez seul, pour ne pas choquer l'entourage. Servez-vous normalement d'un mets (entrée, plat ou dessert) dont vous pensez qu'il y a de bonnes chances que vous en repreniez. Quand vous avez terminé votre assiette, léchez-la consciencieusement jusqu'à ne plus en laisser une miette. Quand elle est propre, refaites un tour de piste. Vous constaterez qu'après le contact prolongé de votre langue sur l'assiette vide et froide, vous n'avez plus du tout envie de vous resservir. Vous êtes spontanément libéré. Que s'est-il passé ? Lécher une assiette vide envoie un signal de fin au cerveau. La salivation sur une matière qui n'a plus de goût « nettoie » les addictions au sel ou au sucre. C'est comme si vous calmiez le jeu avec un grand seau d'eau froide. Et si devenir très malpoli faisait maigrir ?

• Appuyez sur le bouton
et faites fondre la graisse

Des médecins écossais ont étudié 100 000 sujets de plus de 13 ans pour savoir s'il existait un lien entre l'IMC et la température ambiante de la maison. Les résultats ont surpris : plus la température intérieure était élevée, plus les sujets étaient minces. Il est en effet plus classique de penser que le froid fait maigrir : on « brûle » davantage pour compenser la température basse. Mais ce n'est pas la même chose à la maison. Entre vivre à 16 °C et 23 °C, il y a des différences. À 16 °C, il ne fait pas assez froid pour commencer à brûler des calories afin de maintenir sa température corporelle. De plus, dans une maison qui semble froide, on a tendance à manger plus pour avoir bien chaud, en étant tenté par des aliments gras et sucrés, voire de l'alcool. En hiver, on mange pour compenser le froid, même si l'on se couvre avec le chauffage à fond. À l'inverse, vous remarquerez que lorsque les températures augmentent en été, on a moins faim. Une petite salade suffit. Votre appétit est plus restreint et l'aiguille baisse sur la balance. Peut-être aussi que vêtu d'un pull de ski, on paraît plus gros, ce qui nous pousse à faire plus attention... N'hésitez donc pas à réunir les conditions pour avoir toujours bien chaud. Vous pouvez aussi monter le thermostat, mais c'est moins écolo.

CHAPITRE 2

QUE LA FORCE
SOIT AVEC VOUS

La puissance du corps et de l'esprit

LA PUISSANCE DU CORPS

Votre corps est un sanctuaire. C'est votre bien le plus précieux. Pourtant, certains se laissent dépasser par ce corps qui semble parfois fonctionner en roue libre : kilos en trop, sédentarité, fatigue, mauvaise alimentation... Il est temps de reprendre la main ! En renouant avec de bonnes habitudes et en essayant des techniques ancestrales comme le jeûne, vous ferez de votre corps une arme redoutable pour lutter contre les maladies.

• FAIRE DE LA FAIM SON ALLIÉE MINCEUR

Quand ils se réveillent dans la savane ou dans la forêt, les animaux ne connaissent pas le plaisir d'avoir un petit-déjeuner servi qui les attend. Ils partent chasser « à jeun » et courent le ventre vide. Vous noterez qu'on ne rencontre pas d'animaux sauvages obèses, à l'inverse des chiens et chats, reflétant souvent l'image de leurs maîtres. Nous vivons dans une époque de self-service immédiat où personne ne se contrôle. J'ai un rhume ? Je prends tout de suite un médicament. Je n'arrive pas à dormir ? Solution somnifère ! Une légère toux ? Vite, des antibiotiques ! J'ai un creux ? Je dois manger sans attendre ce qui me tombe sous la main.

La faim en particulier passe pour calamiteuse. Elle réveille des peurs ancestrales : les famines, la pauvreté, la misère… Aujourd'hui, les choses ont bien changé. Ce sont les classes défavorisées qui présentent les taux les plus impressionnants d'obésité. Si la peur de mourir de faim est moindre en France, bien qu'existante, les décès liés à l'excès de nourriture et de poids, quant à eux, flambent. Cette crainte de manquer nous pousse à faire des réserves. Elles ne se voient pas forcément dans nos placards, mais au niveau du ventre. Les choses peuvent changer ! Il faut apprendre à cultiver sa faim et en interpréter les premiers signaux non pas comme une douleur, mais comme un plaisir. Ce n'est pas le stress qui compte, mais la traduction intérieure que nous en faisons. Accepter d'avoir faim pendant un moment, c'est se libérer de notre culture du manque. Souvent, quand vous savez que vous allez devoir sauter un repas, vous mangez trop, comme pour anticiper le pire, et stockez des calories inutiles. Apprenons donc à nous libérer du signal de faim, qui nous pousse à manger trop et trop vite.

Diminuer les calories freine le vieillissement

Une étude récente du CNRS chez les lémuriens vient de montrer que diminuer les calories quotidiennes de 30 % freinait de façon efficace le vieillissement. Les chercheurs ont comparé une population de lémuriens soumise à une baisse de 30 % de calories avec un autre groupe qui mangeait normalement. Résultat : les lémuriens en restriction calorique ont gagné 50 % de vie en plus et vivaient en bien meilleure santé. Une étude internationale conduite dans 187 pays a quant à elle prouvé que l'obésité tue trois fois plus que la malnutrition dont souffrent certains pays émergents. Dans les pays occidentaux, on meurt de trop manger.

• « NETTOYAGE EXPRESS » : PURIFIER SON CORPS EN VINGT MINUTES

Je vous propose un petit test facile, sauf s'il y a une contre-indication de votre médecin traitant. La prochaine fois que vous aurez faim, essayez de tenir vingt minutes. Au lieu de vouloir chasser immédiatement cette sensation qui vous apparaît comme une menace, dites-vous que ce temps d'attente est un cadeau que vous faites à votre organisme pour l'aider à se nettoyer de l'intérieur. Au bout de vingt minutes, buvez un grand verre d'eau et analysez ce que vous ressentez. Vos sensations parleront d'elles-mêmes et vous aurez sans doute envie de recommencer. Pendant les vingt minutes où vous dompterez votre faim, vous allez bénéficier des effets d'une hormone appelée la ghréline, celle qui provoque la faim, mais pas seulement. Des découvertes scientifiques récentes viennent de montrer qu'elle possède d'autres fonctions surprenantes. Elle a la capacité de stimuler « l'autophagie », un mécanisme biologique formidable qui intervient comme un système de protection efficace de l'organisme par l'élimination des déchets – ou des cellules elles-mêmes si elles sont en trop mauvais état – et la stimulation des défenses immunitaires... Des études américaines menées sur la souris indiquent que le nettoyage du foie est particulièrement stimulé par l'augmentation de la ghréline. Le foie est l'un des organes qui a le plus besoin de cette toilette, car c'est le filtre de l'organisme pour éliminer les toxiques. Les chercheurs ont de plus remarqué que la ghréline intervient à d'autres échelons : elle accélère l'autophagie au niveau intestinal, mais également dans le cerveau où elle lutte contre le vieillissement. Maîtriser sa faim en tenant un petit quart d'heure, vingt minutes dans l'idéal, c'est bénéficier d'une cure détox express. La ghréline s'élimine très bien : quand vous la sécrétez, elle disparaît aux trois quarts quarante minutes plus tard. En outre, elle possède un autre atout : en augmentant jusqu'à 2 000 % la sécrétion de l'hormone de croissance, ce qui permet d'accroître la masse musculaire, elle lutte contre le vieillissement et stimule la sexualité. Quand elle chute trop, on vieillit prématurément et on dort moins bien. La ghréline agit comme un starter et un accélérateur pour produire naturellement cet élixir de jeunesse.

En ressentant une vraie faim, vous apprécierez mieux le repas. Mais attention, il ne s'agit pas de se gaver pour autant ! Des travaux récents ont d'ailleurs relevé que le niveau de satisfaction est exactement le même quand on mange raisonnablement ou quand on choisit l'excès. Prenons exemple sur les Japonais, champions de la longévité et de la minceur. Ils suivent une règle d'or : toujours quitter la table en n'étant pas complètement rassasiés. Gérer sa faim, c'est aussi se créer un espace de liberté. Si vous vous concentrez plus sur vos émotions que sur le fait de remplir votre estomac à tout prix, vous ne subirez pas de changement d'humeur lié à la faim. Vous réussirez à rester vous-même, libre de vos pulsions alimentaires. Observez les labradors : ce sont des chiens réputés pour être faciles à dresser et obéir facilement aux ordres de leurs maîtres. La raison en est simple. Du fait d'une mutation génétique, les labradors ont toujours faim. Ils sont littéralement esclaves de la nourriture. Pour se nourrir, ils sont prêts à tout, y compris à être le plus serviles possible.

Les premiers jours de la vie

Aux premiers jours de la vie, beaucoup d'animaux commencent par avoir faim. C'est le cas des poussins, qui jeûnent quasiment lors des trois premiers jours. Chez les humains, le premier lait, appelé colostrum, est très pauvre sur le plan nutritionnel. Il est néanmoins riche en protéines et très chargé en IgA, qui assurent une protection immunitaire précoce au nouveau-né. La nature nous enseigne d'abord la protection, puis la nutrition. On commence sa vie en ayant faim... Ce message du fond de la nuit des temps nous rappelle le pouvoir bienfaiteur d'une petite fringale temporaire.

• RÉGIMES : Y ALLER PAS À PAS

On surestime toujours ce que l'on peut faire en deux mois, et on ne pense pas à ce qui est réalisable en un an. Cela explique pourquoi 95 % des régimes échouent. Les solutions « miracles » vendues par certains, promettant une perte de poids rapide, ne sont que des leurres. Souvent, elles conduisent même à reprendre des kilos. Il suffit de se donner pour but de perdre 200 g par semaine pour perdre 10 kg en un an et ne pas regrossir après. Vous atteindrez vos objectifs tranquillement et vous serez fier de vous.

**Exercer cinq minutes sa force mentale
pour reprendre la main**

*Vous êtes à table avec des amis. Vous sentez que vous
allez partir en pilotage automatique et manger en une
fois l'équivalent de quatre repas. Vous ne trouvez plus
la pédale du frein et vous jurez de vous rattraper le
lendemain. La parade est simple : levez-vous de table
discrètement et allez faire un tour. Afin que personne ne
vous pose de questions, prenez la direction des toilettes
et traînez. Quand vous reviendrez à table cinq minutes
plus tard, vous constaterez l'efficacité de cette astuce.
Une fois votre centre de satiété activé, vous n'aurez
plus envie de continuer à manger.*

• CHANGEZ DE TROTTOIR

Une équipe de scientifiques californiens vient de faire une
découverte étonnante : le simple fait de sentir de la nourriture
ferait grossir. Tout est parti d'une étude sur des souris soumises à un régime gras type *junk food*. Les chercheurs les ont
réparties en deux groupes avec des quantités égales de nourriture. Le premier groupe était constitué de souris normales,
le second groupe de souris privées d'odorat. Les premières
ont doublé de volume alors que celles sans odorat n'ont pris
que très peu de poids. C'est une première voie de recherche
passionnante, que vous pouvez appliquer dans votre vie quotidienne. Évitez de vous exposer aux stimuli des commerçants
qui diffusent dans la rue des odeurs pour vous attirer dans

leur boutique. Ne mangez pas dans la cuisine au milieu des effluves qui vous font perdre le nord et stimulent votre appétit. Si vous n'avez pas le choix, ouvrez grand la fenêtre avant de vous mettre à table.

• Maigrir simplement
en changeant de position

Une étude scientifique récente a montré qu'un sujet peut perdre 10 kg en quatre ans s'il remplace six heures en position assise par six heures en position debout. C'est simple, mais efficace. Les chercheurs sont partis du fait que les personnes restant longtemps assises augmentent leurs risques de diabète, de maladies cardiovasculaires et d'obésité. Se maintenir debout fait brûler 0,15 kcal par minute. Pour un sujet de 65 kg, cela représente 54 kcal par jour, ce qui correspond donc à 2,5 kg en un an, soit 10 kg en quatre ans. Par ailleurs, les médecins ont noté qu'en plus de la perte de poids, la fréquence des maladies cardiovasculaires diminuait, le rythme cardiaque était plus lent et la glycémie plus basse.

Même les sujets actifs passent trop de temps assis. Travailler à un bureau en position debout facilite les contacts avec les collègues : on se déplace plus facilement vers les autres que lorsque l'on est affalé sur sa chaise. De plus, les personnes qui œuvrent debout effectuent en permanence des petits mouvements, ce qui les fait bouger encore plus. Il est donc essentiel de s'aménager des pauses pour se dégourdir les jambes régulièrement.

• SELON LA PERSONNE AVEC QUI L'ON MANGE, ON PEUT GROSSIR OU PAS

Manger mécaniquement sans plaisir et sans appétit, c'est la meilleure façon de prendre du poids. Il n'y a plus de régulateur sauf quand l'estomac est trop tendu et dans ce cas, les quantités ingérées correspondent à un déluge calorique. Les chercheurs de l'université de Nagoya ont fait une découverte. Les sujets mangent mieux s'ils sont seuls face à un miroir en train de se regarder. Ils trouvent que les aliments ont meilleur goût et éprouvent un plaisir et un niveau de conscience supérieurs.

Selon la personne avec qui l'on se trouve à table, on ne se comporte pas de la même façon. Pour preuve, une étude très sérieuse a démontré qu'en présence de femmes, les hommes mangent davantage : jusqu'à 86 % de salade en plus, et 93 % pour la pizza. C'est considérable. Manger autant donnerait aux hommes l'impression qu'ils sont plus virils et en meilleure santé. Inconsciemment, ils se sentent plus séduisants, tout en « crânant » un peu. Chez les femmes, c'est l'inverse qui se produit. Manger moins procure le sentiment d'être plus attrayante.

• LE VENTRE PLAT POUR LE BIEN-ÊTRE ET L'ÉLÉGANCE

Une personne sur trois souffre de reflux acide gastrique ou de hernie hiatale. Cette hernie est formée par une petite partie de l'estomac qui passe au-dessus du diaphragme, faisant remonter dans la bouche l'acidité d'aliments en cours de digestion. Notre estomac sécrète en effet de l'acide chlorhydrique.

Mâcher la bouche fermée a un effet immédiat : mécaniquement, nous avalons moins d'air, et l'estomac, qui se comporte comme une cuve, aura moins de pression pour faire remonter son contenu. « Mange lentement », « Ne mâche pas la bouche ouverte », disait maman. Pourtant, vous n'avez pas toujours écouté ses conseils. En outre, absorber des boissons gazeuses, mâcher du chewing-gum ou manger en marchant vous fait gonfler le ventre, ce qui est désagréable. Je ne vais pas vous laisser comme ça ! Voici quelques conseils pour retrouver un ventre plat express.

La Cyriax solution

Il existe un syndrome peu connu, le syndrome de Cyriax. Il se rencontre souvent chez des sujets qui passent leurs journées en position assise, courbés sur leur ordinateur ou assis dans leur voiture. Il peut correspondre à une subluxation du cartilage antérieur de certaines côtes. Ces positions vicieuses finissent par provoquer l'équivalent d'un coincement des dernières côtes qui pincent le cartilage, engendrant une pression douloureuse sur le nerf intercostal. L'effet pervers est le déclenchement de douleurs et de contractions réflexes au niveau de la sphère digestive, à l'origine de rétentions de gaz. Souvent, il suffit d'appuyer légèrement sur les dernières côtes pour sentir une sensibilité accrue à la pression.

Il existe un geste simple pour venir à bout de ce problème. Mettez-vous en position debout. Étirez-vous, les bras tendus au-dessus de la tête tout en montant sur la pointe des pieds. Répétez cet exercice trois fois de suite en inspirant et expirant lentement. Ainsi, vous débloquerez à la fois les côtes et les nerfs intercostaux douloureux, tout en libérant les gaz qui restent coincés par réflexe. La sensation est très plaisante. Vous évacuerez le trop-plein d'air qui faisait pression aussi bien dans le ventre qu'au niveau du thorax, allant jusqu'à provoquer des palpitations chez certains. Cette impression d'être coincé dans l'amplitude des mouvements respiratoires disparaît. Par précaution et discrétion, éloignez-vous pour réaliser cet exercice libérateur qui s'accompagne souvent de quelques bruits gênants.

Les mouvements qui libèrent

Observez les chiens quand ils ont mal au ventre. Ils s'étirent avec le derrière en l'air et les pattes avant allongées sur le sol. Cette posture permet de dérouler l'estomac et de se débarrasser de l'inconfort digestif. Ouvrez la valve d'un matelas de piscine bien gonflé : vous constaterez qu'il ne se vide pas tout seul. D'un compartiment à l'autre, l'air stagne en l'absence de pressions manuelles. Il en va de même pour notre tube digestif. Si vous ne faites rien, vous risquez de passer vos journées en étant gêné. Être ballonné n'est ni agréable ni esthétique. Il existe des mouvements pour retrouver un ventre plat, qui peuvent de plus contribuer à modérer l'appétit. Certaines postures libèrent ainsi le corps en quelques minutes.

Première position

Isolez-vous dans une pièce et mettez-vous à genoux, les épaules sur le sol. Dans cette position, appuyez doucement sur votre ventre en opérant de petits mouvements circulaires dans le sens des aiguilles d'une montre autour du nombril. Partez du côté droit en remontant, effectuez des cercles en suivant les lignes osseuses en direction du sternum, redescendez jusqu'à la fosse iliaque gauche, puis reprenez le mouvement. Vous suivrez ainsi le trajet de l'intestin et bénéficierez d'une meilleure vidange.

Twister la constipation

Le twist est une danse solitaire qui fut très à la mode dans les années 1960. Les danseurs professionnels de l'époque donnaient le mode d'emploi suivant : « Faire comme si on s'essuyait les fesses avec une serviette tout en écrasant une cigarette avec le pied. » Cela revient à se tortiller avec son bassin et ses fesses, en alternant une jambe tendue et l'autre en flexion. Les bras sont à demi pliés et accompagnent le mouvement. Ces impulsions horizontales d'une part avec le bassin, verticales d'autre part avec les jambes, sont idéales pour faire progresser le bol alimentaire vers la sortie. Le twist aide efficacement à faire passer plus vite le contenu digestif qui se trouve parfois « un peu coincé » et ralenti dans les angles coliques gauche et droit. Pour vous représenter le gros intestin, il faut penser à un volumineux tuyau plié pour bien rentrer dans le ventre, avec en particulier deux grosses coudures à gauche et à droite qui forment une sorte de cadre.

Avec trois minutes de twist par jour et 3 grands verres d'eau avant, vous serez surpris du résultat. Les matières et les gaz s'évacueront beaucoup plus facilement. Vous en tirerez un second bénéfice : il a été démontré par des études que la danse favorise l'équilibre et le moral par la sécrétion d'endorphines. Si vous êtes seul, vous pourrez même mettre de la musique pour vous accompagner.

Deuxième position

Il s'agit du squatting : placez-vous en position debout, puis accroupie. Essayez d'amener vos fesses le plus près possible du sol, comptez jusqu'à 10, remontez et recommencez trois fois. Lorsqu'on est en position accroupie, il est possible d'aider à la stabilisation en mettant ses mains sur le côté.

Troisième position

On l'appelle la position cocooning. Il faut s'installer tranquillement en position allongée sur le dos. Vous collerez vos deux genoux serrés contre votre poitrine, compterez jusqu'à 10 et vous tournerez d'un côté à l'autre trois fois de suite. Cette position est favorable à la progression des gaz du côlon vers la sortie.

• Soixante minutes dans un bain chaud :
126 calories en moins, autant que
trente minutes de course à pied

Des scientifiques anglais ont mis en avant les effets surprenants du bain chaud : il fait perdre 126 calories en une heure, autrement dit autant que trente minutes de course à pied ! Les sujets prenant des bains chauds à 40 °C ont vu leur température corporelle augmenter d'un degré. Les chercheurs, quant à eux, ont enregistré une baisse du taux de sucre dans le sang ainsi que des mécanismes anti-inflammatoires après exposition à une chaleur passive, susceptibles de contribuer à un meilleur fonctionnement du système immunitaire. Le bain chaud agit en activant dans l'organisme les protéines de choc thermique, qui ont pour but de protéger les cellules des effets du stress et jouent un rôle dans la défense de l'organisme. À noter qu'un simple bain de pieds chaud libère des hormones du bonheur par la sensation agréable qu'il génère.

Ces effets bénéfiques du bain chaud ont passionné une équipe de chercheurs américains qui se sont penchés sur le cas de femmes présentant des pathologies inflammatoires pelviennes comme les syndromes polykystiques ovariens. Ils ont observé que prendre des bains chauds plusieurs fois par semaine pendant deux mois diminuait l'inflammation et les douleurs adjacentes. Ces travaux étaient présentés dans le cadre d'un congrès aux États-Unis, où d'autres médecins publiaient parallèlement leurs études sur les effets anti-inflammatoires du chocolat noir à plus de 70 %. Il semble que les flavonoïdes contenus dans le chocolat soient en effet à l'origine de cet effet. Les chercheurs ont noté que plus le chocolat était riche en cacao, plus le bénéfice était marqué. Pourquoi dès lors ne pas s'offrir un petit chocolat chaud fort en cacao à consommer doucement dans son bain chaud ? Pour le bien-être c'est une bonne idée, mais cette fois-ci attention aux calories !

Certains couples quant à eux optent pour le bain « érotique ». On pourrait penser que cela augmente encore la dépense énergétique. Certains travaux indiquent en effet une perte de 100 calories pour l'homme et de 70 calories pour la femme en vingt-cinq minutes. Malheureusement, ce n'est pas une bonne idée. Faire l'amour dans l'eau de sa baignoire, d'un jacuzzi ou dans la mer perturbe et fragilise la flore vaginale, provoquant des infections génitales. L'effet du chlore ou du sel déstabilise l'équilibre microbiologique. J'ajoute que les préservatifs ne sont pas résistants dans l'eau, ce qui expose aux maladies sexuellement transmissibles.

Encore plus chaud

En Finlande, le sauna fait partie de la culture et des habitudes locales. Pour cette raison, les médecins fin-landais ont voulu savoir l'effet de cette pratique sur la santé. Durant quinze ans, ils ont suivi 1 628 adultes adeptes du sauna, à raison de quatre fois par semaine. Ils ont noté que cette habitude baissait de 61 % la fré-quence des accidents vasculaires cérébraux. Ils ont par ailleurs relevé une baisse de la pression artérielle et une meilleure stimulation du système immunitaire. Si votre médecin traitant ne vous contre-indique pas le sauna, profitez-en. Pour continuer le tour de la planète et du bain chaud, des scientifiques japonais viennent de réali-ser une étude chez 800 personnes de 60 à 76 ans. Ils ont évalué que des bains de douze minutes à 41 °C avaient un effet perceptible sur la protection cardiovasculaire.

• LE STRESS POSITIF

La température de notre corps est régulée par un thermostat ultrasensible situé dans le cerveau. Notre organisme est équipé pour répondre aussi bien à une douche très froide qu'à un bain bien chaud. Le point commun des deux : des effets bénéfiques pour la santé grâce au « stress thermique ». Ces variations de température déclenchent un stress positif du corps, qui réagit en mobilisant et en activant des ressources habituellement endor-mies : la graisse brune, celle qui doit fondre pour maintenir la température dans le cas de la douche froide, ou les protéines de choc thermique pour le bain chaud par exemple.

**Libérez des endorphines
et perdez 4 kg par an facilement**

Avec trois minutes sous une douche froide, vous produisez des endorphines tout en brûlant des calories. Les toutes dernières études permettent de mieux comprendre ce phénomène. Nous avons, au niveau de la nuque et du haut du dos, 250 g de graisse brune. Cette dernière est activée en cas de baisse de température pour maintenir la température corporelle à 37 °C. Elle agit comme un véritable thermostat. Si on décide de sortir de sa zone de confort et de se mettre sous l'eau froide pendant trois minutes, on brûle cette graisse brune. C'est la graisse blanche répartie sur tout le corps qui se transformera alors en graisse brune pour la remplacer. Résultat : 4 kg par an de graisse en moins. Cela vaut la peine d'essayer. Commencez par une douche tiède et au fil des jours, habituez-vous à baisser progressivement la température si vous n'avez pas de contre-indications médicales.

• CETTE LUMIÈRE PARTICULIÈRE QUI FAIT MAIGRIR

La nature a bien fait les choses : notre corps obéit au rythme du soleil. Le matin au réveil, la lumière bleutée du soleil nous aide à nous mettre en mouvement. Le soir, la couleur orangée est favorable à la sécrétion de mélatonine pour bien dormir la nuit. Beaucoup de sujets grossissent en hiver, même s'ils continuent à faire de l'exercice et conservent leurs habitudes alimentaires. Ce phénomène est dû au fait que nous nous exposons moins à l'extérieur quand il fait froid et empêchons ainsi la lumière du soleil d'agir. Quand la lumière bleue arrive sur la peau, elle pénètre à l'intérieur du corps et dans les cellules graisseuses blanches sous-cutanées. Le résultat est le relargage de gouttelettes lipidiques, qui fait augmenter la lipolyse, autrement dit la fonte des cellules graisseuses. De ce fait, les cellules graisseuses n'arrivent plus à stocker autant de gras, qui doit s'éliminer naturellement. Les taux hormonaux de leptine et d'adiponectine qui interviennent dans le contrôle du poids varient également dans le bon sens. Force est de constater que les travailleurs de nuit présentent plus souvent une surcharge pondérale que le reste de la population. En 2017, une étude a même établi que le risque d'obésité était majoré de 29 % chez les salariés ne voyant pas la lumière du jour.

En s'exposant au soleil vingt minutes en été, nous produisons 10 000 unités internationales de vitamine D. En hiver, il faut deux heures pour atteindre la même dose. Une étude indique qu'en douze semaines de supplémentation en vitamine D, des femmes ont perdu 2,7 kg de graisse sans pour autant voir leur poids baisser, par rapport au groupe témoin qui ne prenait pas de vitamine D. En réalité, dans le groupe « vitamine D », la masse musculaire et la solidité osseuse avaient augmenté, d'où le résultat. Une autre étude menée chez des sportifs a relevé qu'un complément alimentaire en vitamine D augmentait la puissance musculaire en réduisant le tour de taille. Pour garder la ligne, surtout en hiver, prenez l'habitude de vous octroyer une heure de marche tôt le matin pour bénéficier de cette lumière bleue solaire qui participe à la fonte des graisses.

• NE PAS FAIRE D'ACTIVITÉ PHYSIQUE, C'EST COMME PASSER TOUTE SA VIE SANS TIRER LA CHASSE D'EAU

Vous le savez, l'activité physique quotidienne est essentielle pour rester en bonne santé. Elle permet d'allumer les bons gènes protecteurs et d'éteindre les vecteurs de maladies. Le sport équilibre la balance entre les dégâts quotidiens que l'on s'inflige et notre potentiel d'autoréparation. L'exercice régulier aide à éliminer de façon efficace les toxines accumulées au cours de la journée. Notre corps produit en effet des déchets qu'il faut évacuer tous les jours. C'est bien sûr le travail des reins, du foie, de la respiration, mais cela ne suffit pas. Inexorablement, au fil des jours, nous nous encrassons. Les artères commencent à se boucher à cause de l'athérome qui se forme, à l'image du calcaire dans les tuyaux de plomberie. L'activité physique augmente le débit cardiaque et la filtration des déchets par les reins et le foie. Le gras fond pour fournir l'énergie nécessaire à cette élimination. La graisse est aussi le lieu privilégié de stockage des toxiques, des pesticides notamment qui se bio-accumulent jusqu'à atteindre des doses « gâchettes », seuils de déclenchement de maladies comme les cancers. Bonus supplémentaire : le système immunitaire est mieux mobilisé pendant le sport, ce qui contribue à purifier notre corps plus facilement.

La dose minimum par jour pour « tirer la chasse d'eau », c'est trente minutes d'exercice physique sans s'arrêter : marche rapide, vélo, natation… Cette habitude doit devenir votre priorité pour continuer la partie dans de bonnes conditions. C'est le bouclier pour se protéger des maladies agressives, surtout après 40 ans. Pratiquer chaque jour une activité physique de trente minutes en continu, c'est comme appuyer sur le bon commutateur pour passer au travers de ce qui peut nous détruire. Les dernières études ont montré par ailleurs que l'exercice physique est plus important que les prédispositions génétiques. Une personne présentant des gènes à risques mais une bonne hygiène de vie aura une meilleure durée de vie en bonne santé qu'une autre personne avec de bons gènes mais des habitudes désastreuses.

• SELON LA FAÇON DONT VOUS MARCHEZ DANS LA RUE, ON PEUT PRÉDIRE VOTRE RISQUE D'INFARCTUS DU MYOCARDE

Ne traîne pas, avance ! Des scientifiques suédois ont découvert une corrélation entre la vitesse de la marche et le risque d'accident cardiovasculaire. Plus on marche lentement, plus ce risque augmente. Il est évident que le fait d'être en excès de poids, de fumer, de ne jamais faire d'exercice contribue à marcher plus lentement. La marche lente est révélatrice d'une mauvaise hygiène de vie. Pour profiter des bienfaits de ce sport, il suffit d'observer ces règles simples : au minimum trente minutes sans s'arrêter, en effectuant 3 000 pas (qui peuvent se mesurer avec un podomètre), ce qui correspond à une vitesse de 4 km/h, idéalement le matin pour synchroniser notre horloge interne avec celle du soleil. C'est le meilleur médicament que je connaisse pour disposer d'un bouclier efficace contre les maladies cardiovasculaires et de nombreux cancers. De plus, cette marche quotidienne vous rendra de bonne humeur et vous dormirez bien mieux la nuit. En marchant d'un bon pas, vous stimulerez également votre circulation cérébrale et penserez plus vite. Un cerveau mieux oxygéné augmente votre puissance et vos capacités mentales.

• LE JEÛNE EN 2019 : LA NOUVELLE DIMENSION

En seulement deux ans, les découvertes médicales sur le jeûne se sont accélérées de façon spectaculaire. Ce que nous pressentions instinctivement bénéficie aujourd'hui de preuves scientifiques solides. Nous comprenons comment le jeûne invite l'organisme à se réparer lui-même, et les temps nécessaires pour mettre en action ces mécanismes protecteurs. Pourtant, il n'était pas évident d'engager de telles études : elles sont coûteuses et, contrairement aux médicaments, le jeûne n'a rien à vendre. Dans notre société de consommation actuelle, cette pratique demeure encore décalée. Mais elle peut devenir notre espace de liberté, en nous reconnectant aux signaux de notre corps.

Les avancées scientifiques

Le 3 octobre 2016, le prix Nobel de médecine a été attribué au Japonais Yoshinori Ohsumi pour ses études sur l'autophagie. L'autophagie est le mécanisme par lequel une cellule s'autodigère et s'autodétruit pour protéger l'organisme. Les travaux du Dr Ohsumi ont permis de comprendre en particulier la façon dont les cellules se renouvellent et répondent à des stress comme la privation de nourriture. Parmi les facteurs qui stimulent l'autophagie, il y a le jeûne. L'autophagie donne l'occasion aux cellules de nettoyer leur intérieur et de créer de l'énergie. Ce grand ménage leur permet de recycler les éléments usés, malformés et malades, qui seront digérés. Lors de cette étape, notre cellule va présenter la composition de son « auto-repas » au système immunitaire. Ce dernier aura donc une vision de ce qui se passe à l'intérieur de nos cellules et pourra dépister des pathologies potentiellement dormantes ou cachées. Les études ont ainsi établi que lors d'un jeûne, les défenses immunitaires montaient en puissance. Tous les jours, l'organisme fabrique des cellules cancéreuses, détruites par le système immunitaire. Grâce au jeûne, les signaux faibles de danger sont perçus de façon plus performante par les systèmes de défense. Les cellules cancéreuses seront supprimées avant qu'elles ne se multiplient. Notre corps commet quotidiennement des erreurs qui peuvent être à l'origine de maladies mortelles. Il faut lui donner les moyens de les réparer en temps réel. Jeûner force nos cellules à puiser dans leurs ressources internes pour découvrir des anomalies que notre corps réajustera. À l'inverse, lorsque notre organisme ne connaît jamais de jeûne, nos cellules accumulent des éléments peu fonctionnels ou malades qui, à long terme, peuvent les empoisonner.

Certains pensent qu'il faut manger pour prendre des forces, mais la digestion d'un repas trop lourd fatigue énormément. Jeûner permet de bénéficier d'une énergie différente à travers une spiritualité plus rayonnante. Ce qui est passionnant avec le jeûne, c'est qu'il nous relie symboliquement à nos fondamentaux. Nous commençons notre vie par une diète de neuf mois dans l'utérus maternel. Notre tube digestif tout neuf est au repos complet ; nous sommes reliés par le cordon ombilical aux apports maternels dont nous avons besoin pour bien grandir. Le jeûne peut alors être perçu comme une « re-naissance », une façon de se sentir neuf, de tout recommencer en apprenant à manger pour soi et non pas contre soi. Une récente étude américaine sur la souris va dans ce sens et prouve les effets rapides du jeûne. En seulement vingt-quatre heures, les cellules souches régénératrices sont boostées et augmentent en nombre. La zone la plus parlante se trouve au niveau des intestins. Quand on sait que les cellules formant la couche interne des intestins se renouvellent tous les quatre jours, on comprend qu'un simple jeûne de vingt-quatre heures correspond à une cure détox grâce à un taux supérieur de nouvelles cellules intestinales régénératrices. D'autres travaux viennent de mettre en évidence que le jeûne intermittent provoque une augmentation des macrophages anti-inflammatoires dans le sang, qui vont activer les cellules adipeuses pour qu'elles brûlent les graisses stockées en produisant de la chaleur.

Comment ça marche ?

Lorsque vous mangez, les aliments restent en moyenne 7 secondes dans la bouche, entre 1 et 9 heures dans l'estomac. Mais ce n'est pas fini. Le bol alimentaire demeure dans le tube digestif en moyenne 43 heures pour les 20-30 ans, et 71 heures pour les 74-85 ans. Pendant ce temps, tout l'organisme se mobilise pour digérer et faire progresser le bol alimentaire dans le tractus digestif. Les hormones et les enzymes sont sécrétées, le foie et les reins fonctionnent à plein régime pour éliminer les toxiques. C'est une véritable petite usine qui est en marche 24 heures sur 24 sans la moindre pause. Manger est nécessaire à la vie, mais manger trop souvent finit par user l'organisme prématurément. Toute cette énergie dépensée pour la digestion est à l'origine de coups de pompe dans la journée, surtout après les repas. C'est ce que l'on appelle la « vague alcaline post-prandiale ». Si les dents résistent aux assauts alimentaires grâce à leur émail, le pancréas, le foie et les reins, eux, ne sont pas en émail. En réalité, c'est comme si nous avions à notre disposition un nombre limité de repas dans une vie humaine. Se nourrir moins souvent pourrait ainsi augmenter l'espérance de vie. Revenez au bon sens en laissant votre organisme souffler tous les jours. Tentez deux repas au lieu de trois et restez à l'écoute de votre corps. Vous êtes le mieux placé pour savoir ce qui vous fait du bien. Après avoir consulté votre médecin traitant pour lui demander si votre état de santé vous permet de jeûner, analysez ce que vous ressentez exactement lorsque vous sautez un repas : plus d'énergie, ou moins d'énergie ? Lorsque vous jeûnez, n'oubliez surtout pas de vous hydrater au maximum. Buvez en quantité de l'eau, du thé ou des tisanes, le tout bien sûr sans sucre ni édulcorant.

Ces animaux qui nous montrent le chemin

Les animaux pratiquent d'instinct le jeûne quand ils sont malades pour augmenter leurs chances de guérison. Ils mobilisent leur force vitale pour mieux se réparer. Au lieu d'être utilisée pour digérer, leur énergie est réquisitionnée pour remettre l'organisme en état, à l'image du daim blessé qui se met à l'écart près d'une rivière, utilisant le jeûne et le repos pour guérir. Il suffit de penser à la fatigue ressentie après un repas copieux pour mieux comprendre ce comportement. Lorsqu'ils décident de jeûner, de nombreux animaux refusent toute nourriture, même les plats les plus savoureux. Qu'ils se trouvent dans la nature avec une nourriture abondante, ou qu'ils soient servis aux petits soins par leurs maîtres, ils affichent la même volonté de résister quand leur santé en dépend. Pour d'autres espèces, le jeûne est synchrone de la métamorphose. La chenille ne mange plus rien dans les jours qui précèdent sa mue en papillon. Les oiseaux migrateurs ne picorent pas tant qu'ils ne sont pas arrivés à destination. Je m'interroge sur la capacité de jeûne de certains animaux comme la baleine, le crocodile, la tortue ou l'éléphant. Ils sont capables de performances étonnantes dans ce domaine : certaines tortues peuvent jeûner jusqu'à quatre-vingt-dix jours, et les baleines pendant quatre mois. Ces espèces ont également la particularité de bénéficier d'une longévité exceptionnelle. Les tortues peuvent atteindre 150 ans. Les baleines boréales à leur tour vivent en moyenne 150 ans, et jusqu'à 210 ans pour certaines. Les populations inuits considèrent qu'elles vivent deux vies d'homme en une seule. Deux belles vies en parfaite santé. Les baleines présentent aussi une température corporelle plus basse et un métabolisme ralenti, ce qui constitue des économies d'énergie utiles quand on sait que ces animaux peuvent atteindre 20 mètres de long et un poids de 100 tonnes. De la même façon, les crocodiles passent la plus grande partie de leur vie l'estomac vide. Par exemple, le crocodile du Nil ne prend en moyenne que 50 repas par an. Un vieux crocodile peut rester en pleine activité deux ans sans se nourrir. Ils ont également un métabolisme lent et savent utiliser l'énergie générée par l'alimentation de façon très efficace. Ils disposent d'une longévité exceptionnelle, de 70 à 112 ans. Mais les ressemblances ne s'arrêtent pas là. Chez les crocodiles ou les baleines, les cancers sont absents, comme si cette capacité de jeûner les protégeait, tel un bouclier. On peut supposer qu'ils possèdent une puissance de régénération de leurs cellules et de leurs organes, activable à la demande. À l'inverse, les animaux domestiques présentent comme les humains de nombreux cancers, en particulier les chiens et les chats. On oublie trop souvent le facteur de risque représenté par les maîtres qui fument en voiture ou à la maison.

Le jeûne séquentiel quotidien

Le jeûne le plus facile à pratiquer reste le jeûne séquentiel. Il consiste à ne pas manger jusqu'à seize heures, mais à boire à volonté de l'eau ou des tisanes, un peu de thé ou de café, le tout sans sucre. Cela revient à supprimer un repas par jour. Une étude publiée en 2018 a montré qu'après quatorze heures de jeûne, le sucre, le cholestérol et la pression artérielle baissaient. Ce travail devra être confirmé ultérieurement, mais il nous donne une indication sur la durée optimale du jeûne. À vous de choisir le repas à exclure. Même si ce jeûne est pratiqué une seule fois par mois, il correspond à une cure détox de douze jours par an. C'est une façon d'offrir à votre organisme de petites vacances, sans rien dépenser.

Le jeûne par ailleurs fait partie de nombreuses pratiques spirituelles : il est un moyen de purifier son corps et son esprit. Dans certains cas, les sujets avalent au lever plusieurs verres d'eau, parfois accompagnés de jus de citron, ou un bol de bouillon de légumes. C'est une façon de nettoyer le tube digestif et de se bénir avant de commencer la journée. Bouddha pratiquait l'équivalent du jeûne séquentiel : il ne mangeait qu'une seule fois par jour et uniquement des plats végétariens. Ce n'était pas un régime, mais l'expression d'une démarche spirituelle. D'autres communautés religieuses, comme les mormons, observent cette pratique du jeûne. L'Utah, dont la capitale est Salt Lake City, est l'État des mormons. Ces derniers forment une communauté religieuse particulière : l'Église de Jésus-Christ des saints des derniers jours. Les mormons proscrivent le café, le thé, l'alcool et le tabac. Une étude récente vient de montrer qu'ils bénéficient d'une longévité plus grande que les autres habitants des États-Unis.

Les effets du jeûne

Des scientifiques américains sont partis du fait que l'organisme privé de nourriture doit continuer à fonctionner sans apports alimentaires. Il va donc extraire son carburant, d'abord à partir des sucres, puis en brûlant les graisses stockées. Les chercheurs ont noté que le seul fait de jeûner une journée augmente le taux de l'hormone de croissance intervenant dans la régulation du métabolisme : 1 300 % chez la femme, 2 000 % chez l'homme. Cette sécrétion physiologique participe à l'augmentation de la masse musculaire avec un effet anti-âge. Le jeûne fait également baisser le taux d'IGF-1, une hormone impliquée dans le processus de vieillissement.

Cette pratique de plus améliore les performances intellectuelles, la mémoire et les capacités d'apprentissage. On apprendrait peut-être mieux le ventre vide. Jeûner affûte les réflexes et fait penser plus vite. Mais je ne veux pas généraliser : pour les personnes sujettes à l'hypoglycémie, l'inverse se produit. Elles ont la tête vide et n'arrivent pas à aligner deux idées en même temps. Dans ces conditions, cet exercice n'est bien sûr pas recommandé.

Vous avez remarqué que lors des premiers jours d'une grippe, votre appétit baisse : votre corps réagit à l'agression virale. Nous disposons de plusieurs hypothèses pour comprendre ce phénomène. Ne pas manger limite les apports en fer et zinc, dont les microbes ont besoin pour croître et se propager. Cela encourage également le corps à éliminer les cellules malades, par un mécanisme appelé apoptose. Une expérience intéressante a été conduite chez des souris infectées par des bactéries. Les souris que l'on avait forcées à se nourrir ont nettement moins survécu que celles libres de manger selon leur appétit.

De nombreux travaux enfin sont aujourd'hui consacrés à l'effet du jeûne chez les hommes présentant un diabète de type 2, un fort taux de cholestérol, des problèmes de pression artérielle, des maladies neurodégénératives comme Alzheimer, certains cancers… Toutes ces études, qui devront toutefois être confirmées, vont dans le sens d'une diminution des facteurs de risque grâce à cette pratique.

L'exercice physique à jeun : double bénéfice, mais…

Les animaux partent chasser à jeun. La sensation de faim augmente leurs performances. Mais cela ne se passe pas de la même façon pour tout le monde. Si vous ne vous sentez pas bien quand vous commencez à bouger à jeun, il faut arrêter. Cela signifie que votre métabolisme n'est pas adapté à cette pratique. Pour les autres, les études scientifiques ont montré qu'avec un ventre vide, on brûle davantage et plus rapidement les graisses, tout en augmentant sa force musculaire. Après un repas, l'énergie provient d'abord du sucre, puis des graisses. Cette énergie qui mobilise le gras explique peut-être qu'à un niveau d'exercice identique, l'effort à jeun a plus d'impact sur le poids. Dans tous les cas, si vous pratiquez un sport sans manger, je recommande de bien vous hydrater et de vous adonner à des activités modérées. Il est nécessaire de demander l'avis de votre médecin traitant avant de commencer. Attention, l'exercice à jeun n'est cependant pas une solution miracle pour maigrir. Un kilo de graisse dans le corps humain représente 8 000 calories. Cela vous donne une idée des efforts à fournir…

Le jeûne fait-il grossir ou maigrir ?

La question que se sont posée les chercheurs est simple : le jeûne fait-il maigrir ou grossir ? Ils se sont intéressés en particulier au jeûne séquentiel quotidien. Comme nous l'avons vu, cela consiste à ne rien manger pendant seize heures tout en s'hydratant abondamment avec de l'eau ou des tisanes, et à concentrer ensuite la période des repas pendant huit heures. Par exemple, vous finissez de dîner à 21 heures et vous déjeunez à 13 heures. Les scientifiques ont suivi 23 volontaires obèses pendant trois mois. Pendant les huit heures dévolues aux repas, chacun pouvait manger à sa guise. Les résultats ont indiqué une perte de 3 % du poids, avec une réduction quotidienne spontanée de 350 calories. Il s'agit de résultats modestes, mais qui montrent au moins que la balance ne penche pas du mauvais côté.

LA PUISSANCE DU MENTAL

Il existe des pensées qui soignent et d'autres qui abîment. La puissance de votre mental peut vous protéger comme une forteresse, et son absence au contraire vous rendra fragile. Il existe des petites astuces toutes simples pour renforcer son mental. Outre l'intelligence artificielle, notre intelligence naturelle peut atteindre des sommets. Nous sommes la première génération à bénéficier des accélérations du temps, de l'espace et du savoir. Nous pouvons nous déplacer de plus en plus vite et obtenir en un clic toutes les informations que nous souhaitons. Cette vitesse entraîne de la souplesse. Plus nous évoluons rapidement, plus nous arrivons à réaliser plusieurs opérations simultanément. Mais nous devons sans cesse nous adapter pour rester dans la course. Il faut aussi savoir sortir de sa zone de confort. L'éducation devrait donner à l'enfant le désir de découvrir et de se risquer vers des territoires inconnus. Parfois, il faut se lancer sur des chemins qui vous semblent fermés et dangereux, mais qui peuvent déboucher sur d'autres univers. Ces expériences vous rendront plus fort et vous détiendrez ainsi un mental de fer. Vous êtes à l'origine de votre armure énergétique invincible.

• Allô Maman bobo

Votre maman soufflait sur vos petits bobos pour les faire disparaître et cela marchait : vous n'aviez plus mal. Si vous souffrez aujourd'hui de petits maux du quotidien, ne vous précipitez pas sur les médicaments. Vous risquez l'accoutumance, sans parler des effets secondaires délétères. Apprenez plutôt à « souffler » mentalement sur ces douleurs momentanées. Si vous détournez l'attention de ce qui vous fait souffrir, vous ressentirez moins le mal. En vous concentrant sur une activité, vous oublierez la douleur. Par exemple, si vous vous êtes brûlé légèrement en cuisinant, lancez-vous dans une recette inédite un peu difficile. Au bout de cinq minutes, vous ne penserez plus à ce qui devrait vous faire souffrir.

C'est prouvé, l'organisme sécrète ses propres remèdes pour se soulager. C'est le cas des endorphines, qui sont des équivalents de la morphine. Des expériences ont d'ailleurs montré que les sujets soulagés par un placebo (un faux médicament) présentent un taux d'endorphines augmenté qui permet d'effacer les douleurs. D'ailleurs, lorsqu'on développe un nouveau médicament, on sait que juste avec l'effet placebo, il présentera au moins 30 % de réussite.

• Oublier peut vous rendre plus intelligent

Les écureuils roux ont l'habitude de cacher soigneusement leurs provisions à l'entrée de l'hiver, puis de les oublier. Surtout, ne paniquez pas si des faits, des noms, des lieux vous échappent. On pense tout de suite à des spectres menaçants comme la maladie d'Alzheimer ou à des pathologies dégénératives alors qu'il n'en est souvent rien. Au contraire, ces oublis s'avèrent excellents pour votre cerveau. Ils permettent d'aménager de la place dans la mémoire pour gommer les détails les moins importants et se concentrer sur ceux qui permettent des prises de décision efficaces. L'oubli, c'est l'outil pour un bon stockage mémoriel, comme les disques durs informatiques qui doivent éliminer des données pour en stocker de nouvelles. Prenons un exemple : votre médecin change d'adresse. Il n'y a donc aucune utilité à vous rappeler les coordonnées de son ancien cabinet. Dans d'autres circonstances, vous effacerez des souvenirs de moments pénibles, ce qui fait beaucoup de bien. Quand il vous arrive d'oublier le nom d'une personne, d'un film, d'un chanteur, demandez-vous une fois retrouvé pour quelle raison vous l'aviez effacé temporairement. Parfois, c'est votre inconscient qui se manifeste ainsi, pour vous signifier quelque chose. Dans son ouvrage *Psychopathologie de la vie quotidienne*, qui comporte un chapitre appelé « L'oubli des noms propres », le célèbre docteur Freud évoque sa tendance à oublier des noms ou des rendez-vous. Il l'interprète comme l'expression inconsciente d'un désir refoulé.

• NOUS DEVENONS PLUS RAPIDES QUAND LA LUMIÈRE EST INTENSE

La lumière a la capacité de nous rendre plus intelligents, en agissant directement sur notre cerveau. Nous devenons plus rapides quand elle est forte. Des scientifiques américains ont montré que sous des lumières trop faibles, certaines fonctions de notre cerveau baissent en capacité. Ils ont découvert que rester dans des pièces mal éclairées diminue notre aptitude à apprendre et à mémoriser. Ainsi, les chercheurs ont démontré que chez le rat musqué soumis à de faibles éclairages, la capacité de l'hippocampe baisse de 30 %. Situé dans le cerveau, l'hippocampe joue un rôle clé dans la mémorisation. La bonne nouvelle, c'est que cet impact est réversible. Si on expose des rats ayant vécu dans la pénombre à des éclairages puissants, ils récupèrent au bout d'un certain temps leur vivacité intellectuelle. Chez les enfants, les scientifiques ont noté à nouveau que les performances scolaires étaient meilleures dans les classes très bien éclairées. Un dernier exemple pour la route : après avoir passé deux heures dans la salle obscure d'un cinéma, certaines personnes rencontrent des difficultés à se souvenir où elles ont garé leur voiture. La mémoire est perturbée. On se sent « drôle » à la sortie. Selon les chercheurs, le manque de lumière freine la production d'orexine, hormone qui agit sur le bon fonctionnement de la mémoire et de l'apprentissage.

L'impact de la lumière sur le moral est bien connu. De novembre à mars, certains souffrent de dépressions saisonnières par manque de soleil. Ce syndrome s'appelle le SAD. Il se guérit en s'exposant à des lampes spéciales facilement trouvables dans le commerce ou en marchant le plus possible dehors dès que le soleil pointe le bout de son nez. Au lieu de chercher des raisons existentielles quand votre moral est au plus bas, pensez d'abord à des solutions simples, comme vous soigner avec une cure de lumière. Si vous voulez être performant et heureux, mettez-vous donc dans la lumière. Vous brillerez intellectuellement et moralement.

• APPRENDRE À DEVENIR PLUS FORT SANS EFFORT

Est-il possible de devenir plus fort sans exercice, simplement par la puissance du mental ? Développer son capital musculaire sans rien faire, assis dans son canapé à regarder la télévision, ressemble à un rêve de science-fiction. Des scientifiques britanniques ont voulu en avoir le cœur net. Ils ont sélectionné des volontaires n'effectuant pas plus de deux heures d'exercice par semaine. Ils ont pris des mesures du périmètre des mollets ainsi que de leurs fonctionnalités, évaluées par électromyogramme. Les chercheurs ont ensuite demandé aux participants d'imaginer qu'ils contractaient les muscles du mollet pendant quinze minutes, 50 fois de suite, après leur avoir indiqué la force de contraction souhaitée par de petites décharges électriques. Les volontaires devaient répéter l'exercice cinq fois par semaine pendant un mois. Les résultats ont montré une augmentation de 8 % de la force musculaire. Ce résultat préliminaire ouvre plusieurs champs de réflexion. Imaginer ses propres muscles se développer inciterait inconsciemment à mieux les mobiliser ultérieurement, pour la marche par exemple. Anticiper mentalement ce que l'on va faire améliore en fait la qualité des forces mises en jeu. Essayez de vous imaginer en train de nager : quand vous serez à la piscine ou à la mer, vous évoluerez avec plus d'efficacité. En adoptant cette méthode, vous deviendrez comme ces athlètes olympiques concentrés mentalement sur la performance à accomplir, pour donner ensuite le meilleur d'eux-mêmes.

• PARTIR À LA RECHERCHE DE SON CÔTÉ SOMBRE

Il y a quelque chose de diabolique en vous. Osez reconnaître votre côté obscur. Vous êtes parfois égoïste, manipulateur et méchant. Vous êtes insensible au désespoir des autres quand ils souffrent ou éprouvez au contraire une certaine jouissance face au malheur d'autrui. Vous prenez plaisir à regarder des actualités « catastrophes » ou des films dans lesquels de pauvres victimes sont terrorisées. Vous pouvez même trouver un côté sexy aux *bad boys*. Vous riez quand quelqu'un fait un faux pas et tombe, sans compter les plaisanteries douteuses, comme inverser le sel et le poivre en surveillant le dégoût de celui qui se fait piéger. Vous n'êtes pourtant ni un psychopathe ni un *serial killer* ! Si vous abritez ces tendances en vous, autant les reconnaître et ne pas les refouler. Ce que l'on refuse de mettre en lumière finit toujours par s'exprimer : réactions d'agressivité et de colère, bouffées d'anxiété qui se traduisent par des attitudes autodestructrices comme l'obésité, le tabac ou l'alcool en excès, les actes manqués... Au lieu de subir, devenez acteur de votre vie en acceptant d'explorer ces territoires interdits.

Il n'est pas possible d'aider les autres en restant gentiment dans son canapé, inactif. Les pulsions diaboliques peuvent devenir un moteur si on en prend conscience. Il ne s'agit pas de choisir un métier où vous pourrez abuser des limites de votre pouvoir en faisant souffrir les autres, mais d'une autre dimension. Au lieu de regarder les victimes en spectateur réjoui, reconnaissez à ce moment précis que votre côté noir s'exprime. Dépassez ensuite ce réflexe en réfléchissant au secours que vous pouvez apporter. Vos mauvais penchants serviront de ressort pour faire naître le meilleur de vous-même. Votre côté diabolique, c'est en somme un potentiel d'énergie qui ne demande qu'à être libéré pour donner du sens à votre vie et agir sur le monde.

• LES ARNAQUES SÉDUISANTES

C'est devenu une épidémie mondiale. Les 2 milliards d'utilisateurs de smartphones utilisent une fonction redoutable : les filtres d'images pour gommer les imperfections et paraître plus beau. Autrefois réservés aux professionnels pour corriger les défauts des stars, ils sont maintenant dans le domaine public. Ce qui peut sembler un jeu innocent ne l'est pas. Les scientifiques de Boston ont découvert que ces pratiques provoquent des dégâts importants au niveau de la personnalité des utilisateurs, en affectant l'image globale de leur corps. Ces photos retouchées, largement diffusées sur les réseaux sociaux comme Instagram, véhiculent une fausse image de soi. Plus elles sont parfaites, plus elles s'éloignent de la réalité. Ce décalage finit par créer une dysmorphophobie, syndrome consistant à être obsédé par des défauts imaginaires et à ne plus se concentrer que sur ses petites imperfections, en les grossissant avec une loupe mentale. Il en résulte un stress permanent et une baisse de la confiance en soi, avec un risque de retrait social. Ce phénomène est particulièrement dangereux chez les adolescents, qui sont vulnérables et fragiles quant à l'apparence qu'ils souhaitent se donner.

Je conseille de ne pas appuyer sur la gâchette de ces correcteurs de défauts. Sinon, quand vous rencontrerez des personnes dans la « vraie vie » après leur avoir envoyé ces images, elles seront forcément déçues. Vous perdrez davantage confiance. Procédez plutôt à l'inverse. Recherchez ce que vous n'aimez pas en vous, et faites-en une force pour vous distinguer. Pensez au nez de Serge Gainsbourg : s'il l'avait corrigé, il aurait perdu de sa personnalité exceptionnelle. Valorisez ce que vous pensez être vos défauts et vous pourrez gravir des montagnes plutôt que de vous cacher sous terre. Si vous vous aimez tel que vous êtes, les autres vous aimeront aussi. Vous vivrez dans la réalité de vrais sentiments qui apportent joie et bonheur. Vous donnerez aussi un coup de balai au côté artificiel que la société essaye de vous vendre. En supprimant l'écart entre ce que vous paraissez et ce que vous êtes, vous vous rendrez service.

CHAPITRE 3

LE SOMMEIL

Le bonheur est dans la nuit

LE BON SOMMEIL

Bien dormir, c'est fortifier sa santé. Souvenez-vous quand votre maman vous disait tous les soirs à la même heure : « Au lit ! » Elle vous bordait peut-être, vous racontait une histoire et vous embrassait tendrement en vous souhaitant bonne nuit. Se coucher tous les jours à la même heure permet à notre horloge interne de fonctionner harmonieusement et de nous endormir facilement. De même, entrer dans un lit propre et bien fait apporte au corps une sensation de sécurité et d'apaisement, favorable à l'endormissement.

Des scientifiques britanniques viennent de découvrir que les couche-tard vivent moins longtemps que les couche-tôt. Cette habitude en effet s'accompagne souvent d'une mauvaise hygiène de vie : consommation de tabac, alcool, repas déséquilibrés... Les troubles psychologiques, neurologiques et le diabète sont aussi plus fréquents. Il est grand temps de retrouver les réflexes pour bien dormir et se sentir en pleine forme toute la journée.

• Comment rattraper le sommeil en retard ?

Manquer de sommeil augmente les risques de décès précoces, même chez les moins de 65 ans. Il n'est pas toujours facile de bien dormir en semaine. Les nuits trop courtes et la fatigue s'additionnent. Certains arrivent au week-end tels des marathoniens exténués sur la ligne d'arrivée, puisant dans leurs dernières réserves d'énergie. Pour tenir, beaucoup grignotent des produits gras et sucrés, prenant du poids malgré eux.

La question fait débat : le week-end permet-il de rattraper le retard de sommeil de la semaine ? Des médecins suédois se sont donné les moyens de connaître la réponse en suivant plus de 40 000 personnes pendant treize ans. Les conclusions sont étonnantes : dormir moins de cinq heures par nuit pendant le week-end, ajouté à un mauvais rythme de sommeil en semaine, augmente le taux de mortalité de plus de 50 % par rapport à un groupe dormant environ sept heures par nuit. En revanche, les sujets adeptes de la grasse matinée, neuf heures ou plus, n'élèvent pas leur risque de mortalité. Pour obtenir ce résultat, les scientifiques ont comparé un groupe habitué aux nuits courtes pendant la semaine mais se rattrapant le week-end, à un autre groupe sommeillant au moins sept heures quotidiennement. Résultat : match nul. La grasse matinée du week-end remet en effet le compteur à zéro pour les mauvais dormeurs de la semaine. Préservez ainsi le temps précieux du week-end pour vous régénérer et recharger vos batteries avant d'entamer une nouvelle semaine, en laissant le réveil de côté. Cerise sur le gâteau, une étude réalisée en 2015 montre qu'une heure de plus passée au lit augmente de 14 % les chances qu'un couple fasse l'amour.

• ON N'EST PAS SOI QUAND ON EST SOMNOLENT

Manquer de sommeil perturbe notre façon d'être et nous rend plus vulnérables. C'est aussi le principe du « sérum de vérité », un état frontière entre la veille et le sommeil. Au moment de nous endormir en effet, alors que nous sommes encore légèrement conscients, nos défenses psychologiques chutent, et certains peuvent alors révéler des secrets bien gardés. Des chercheurs ont de plus noté que les sujets fatigués et somnolents dans la journée perdent leur faculté à positiver et ne perçoivent plus les signaux agréables. S'il persiste, cet état peut être à l'origine de dépressions masquées, souvent précédées par des états de tristesse passagère et d'anxiété. Lorsque le manque d'énergie est marqué et que vous vous sentez déprimé, demandez-vous donc si ce n'est tout simplement pas dû à un manque de sommeil, avant de commencer à remettre en question toute votre vie.

Bien dormir pour produire un sperme de qualité

Une équipe de chercheurs chinois vient de mettre en évidence la corrélation entre durée du sommeil et qualité du sperme. Ils ont étudié 796 volontaires, séparés en deux groupes : le premier dormait en moyenne six heures et demie par nuit et le second neuf heures. Les résultats montrent que chez les bons dormeurs, le sperme est de meilleure qualité et plus abondant à chaque éjaculation. Si beaucoup d'hommes s'endorment rapidement après un rapport sexuel, c'est peut-être le signe d'un besoin de régénérer son prochain sperme le plus vite possible...

• Mode d'emploi pour se rendormir en cas d'insomnie

Vous avez tous fait cette expérience : vous réveiller en pleine nuit et ne plus arriver à vous rendormir. Vous avez beau multiplier les efforts pour retrouver le sommeil, cela ne fonctionne pas. Vous avez la sensation d'être en plein jour. Et si vous focalisez sur l'idée désagréable d'être fatigué le lendemain, vous avez moins de chances de vous rendormir. De même si vous vous attardez sur l'heure, car votre cerveau établit la connexion suivante : lit égal réveil. Pour casser ce cercle vicieux, il vaut mieux se lever, s'asseoir dans le salon au calme et prendre un livre ou une revue. Au bout d'une demi-heure, voire une heure, l'envie de dormir se fera sentir et vous vous rendormirez pour de bon. Si votre esprit vagabonde pendant que vous êtes levé, c'est une très bonne chose. Les études ont montré que les sujets laissant leur esprit flotter stimulent leur intelligence et leur créativité. Des zones du cerveau habituellement silencieuses peuvent s'éveiller en laissant de nouveaux horizons s'ouvrir. C'est comme une cure de jouvence qui libère l'imagination.

Dans d'autres cas, vous venez de vous coucher fatigué après une journée bien remplie et éteignez la lumière. Vous savez pourtant que vous allez mettre longtemps à vous endormir. Votre petite musique intérieure vous le dit. Vous commencez à partir en boucle et ruminez diverses choses. Il faut à ce moment éviter de sortir son smartphone, qui stimule plus l'éveil que le fait de regarder un film. Comme dans le cas d'un réveil nocturne, ouvrez un livre avec une lumière la plus tamisée possible. Après une demi-heure, vous sentirez vos yeux vous picoter et le sommeil viendra tout seul.

Le test du tee-shirt

Des scientifiques de Colombie-Britannique ont fait une étonnante découverte en se concentrant sur l'étude de couples : certaines odeurs du conjoint agissent comme un antistress puissant. L'absence de stress étant un élément essentiel pour passer une bonne nuit, nous tenons peut-être la clé des songes. Le protocole de l'étude a porté sur 96 couples volontaires. Les hommes devaient porter pendant vingt-quatre heures un tee-shirt propre sans utiliser de déodorant ou de parfum. Les tee-shirts étaient ensuite sentis par leurs partenaires. Trois différents tee-shirts étaient proposés pour le test olfactif : le premier était celui du conjoint, le deuxième un tee-shirt propre non porté, le troisième un tee-shirt porté vingt-quatre heures par un inconnu. Les tests médicaux ont déterminé le niveau de stress des partenaires féminines. Les mesures portaient en particulier sur la variation du dosage du cortisol, l'hormone du stress. Les chercheurs ont relevé une absence de variation avec le tee-shirt non porté, une augmentation du niveau de stress en respirant le tee-shirt d'un inconnu, et une baisse significative du stress en respirant le vêtement de leur conjoint. Ces données permettent de comprendre pourquoi, lorsque le partenaire est absent, beaucoup de femmes aiment dormir à leur place dans le lit ou utiliser un grand tee-shirt déjà porté.

• L'ÉTRANGE BOUCLIER DU SOMMEIL

Passer au travers de la grippe ?

Des scientifiques américains ont fait une découverte qui a de quoi mettre du baume au cœur de toutes les mamans qui répétaient à leurs enfants d'aller se coucher à l'heure pour faire des nuits complètes. Il a en effet été mis en évidence que les personnes dormant moins de sept heures par nuit ont trois fois plus de risques d'attraper la grippe que ceux sommeillant plus de huit heures. Les résultats concordent : plus la dose de repos est faible (moins de six heures), plus les risques augmentent. Le système immunitaire se révèle en effet beaucoup plus performant pour éliminer les virus chez les bons dormeurs.

C'est le dernier qui parle qui a raison

Un autre avantage de bien dormir, c'est de faire travailler sa mémoire. Selon des études, si l'on veut mémoriser une information, il faut l'apprendre juste avant de se coucher. La mémoire encode mieux et se trouve consolidée. L'une des explications de ce phénomène tient au fait que dans la journée, nous sommes soumis à un flux constant d'informations. Ce flux fragilise le stockage de ces signaux. Plus simplement, c'est comme si une nouvelle information chassait la précédente. Le sommeil permet d'ancrer ce que l'on souhaite mémoriser, car les perturbations effaçant les données disparaissent. Si l'on n'apprend pas pendant le sommeil des informations écoutées au magnétophone, on retient mieux ce que l'on vient de lire juste avant de dormir. On peut donc conseiller aux enfants de relire une dernière fois leurs leçons avant de s'endormir.

• LES CONTACTS QUI FONT DORMIR

Soyons honnêtes : on se plaint souvent du partenaire qui partage notre lit. Certains ronflent ou nous réveillent quand ils vont faire pipi, sans compter les gigotements avant de s'endormir ou les désaccords concernant la température de la chambre. Bref, la liste des récriminations est longue ! Pourtant, une récente étude nous recommande de ne pas faire chambre à part, bien au contraire. La présence de l'autre procurant un sentiment de sécurité, on s'endort plus vite. Dans l'inconscient collectif, la nuit est associée à la peur du noir et de l'inconnu. Une présence près de soi tranquillise, comme le doudou de l'enfant. Le taux de cortisol (hormone du stress) diminue tandis que l'ocytocine (hormone de l'attachement) augmente, réduisant ainsi l'anxiété. Se serrer dans les bras avant de dormir augmente encore ce taux. Il faut encore noter qu'un taux d'ocytocine élevé fait baisser la tension artérielle.

Dormir ensemble renforce enfin les liens du couple. Ceux qui se mettent en petite cuillère juste avant de dormir notamment se font beaucoup de bien. C'est une position apaisante, à l'image d'une maman qui prendrait un enfant dans ses bras sur ses genoux pour l'aider à s'endormir. D'ailleurs, une étude parue dans la revue *Sleep* vient de montrer que les nourrissons bénéficiant d'une meilleure dose de sommeil ont une croissance plus importante. Au réveil, faites également du sport à deux. Avec au moins 150 minutes d'exercice par semaine, la qualité du sommeil augmente de 65 %. À vos baskets !

À chacun sa couverture pour dormir d'une traite

Partager son lit c'est très bien, mais certainement pas sa couverture ! Avec une couverture pour deux, vous êtes au courant des moindres mouvements de votre partenaire, ce qui perturbe le sommeil. Un autre facteur important intervient : un partenaire sous la couette est souvent plus chaud que l'autre. Progressivement, les deux températures du couple vont se rejoindre et augmenter la chaleur globale. Pour bien dormir, il faut au contraire que le corps soit le plus frais possible. Or, faire couverture séparée respecte la température de chacun. Il arrive aussi que l'autre tire la couverture à lui pendant la nuit. S'endormir avec la peur inconsciente d'être privé de sa coquille protectrice crée un état d'insécurité nocif pour la qualité du sommeil. Si certains aiment se serrer dans les bras pendant un quart d'heure avant de dormir, observez cette routine rassurante sous la couverture de l'un ou de l'autre, puis placez-vous sous la vôtre pour un sommeil réparateur.

• LE PARADIS BLANC

Le bruit blanc est un son particulier associant toutes les fréquences sonores. Il est perçu comme un bourdonnement constant et répétitif, un murmure doux dont on ne peut identifier la source. Dans une chambre à coucher, cela peut être le son d'un appareil de climatisation ou d'un ventilateur ; si vous vous endormez sur une plage, le bruit des vagues sur l'océan jouera ce rôle. Ce son blanc présente des effets hypnotiques : il aide à s'endormir pour une nuit paisible, en reproduisant probablement l'environnement acoustique des neuf mois passés dans l'utérus maternel. Les bruits blancs ont la propriété en effet de masquer les nombreux sons environnants connus pour freiner l'endormissement et provoquer des réveils nocturnes intempestifs : les portières qui claquent, une sirène qui rugit, un conjoint qui ronfle, une moto qui passe... Les études ont établi que le seuil d'éveil lié aux bruits extérieurs s'élève grâce aux bruits blancs, ce qui empêche ces stimuli de nous réveiller.

Comment reproduire cette petite musique blanche semblable à une berceuse pour mieux vous endormir chaque soir ? Vous avez plusieurs possibilités. Certains optent pour le ventilateur, un bruit blanc caractéristique. Quelques rappels le concernant néanmoins sont nécessaires : cet appareil agit comme un aérosol à particules (allergènes ou bactéries) et les fait voler en permanence dans la pièce. Ces éléments sont susceptibles de pénétrer dans le nez, les sinus et d'assécher les voies nasales. Au réveil, il est fréquent de constater un effet de congestion nasale parfois accompagné de maux de tête. Les yeux peuvent être irrités et rougis chez les sujets sensibles ou allergiques. Si le ventilateur est placé trop près de la tête, les muscles se raidissent, avec pour résultat un torticolis le matin. Si vous tenez au ventilateur, il faut donc respecter certaines conditions. Chaque semaine, nettoyez les ailes de l'appareil pour enlever la poussière déposée. Placez-le le plus loin possible de votre lit. Portez un masque sur vos yeux pour les protéger, ce qui vous garantira de plus un noir complet, excellent pour le sommeil. Appliquez enfin une crème hydratante sur votre peau.

D'autres solutions existent pour bénéficier de ce précieux accompagnement. Vous trouverez facilement sur le Net ou sur des applis des enregistrements reproduisant les sources des sons blancs. Il suffira de les lancer chaque soir au moment de vous coucher. Ces techniques peuvent être utiles pour favoriser le sommeil des bébés et pour soulager les acouphènes. Choisissez l'intensité et le son blanc qui vous correspondent le mieux.

• Rangez votre chambre, ce n'est plus possible

Vous avez tous entendu cette phrase. Votre mère entrait dans votre chambre où le fouillis régnait en maître. Vous rangiez un peu, mais les jours suivants cela recommençait. Des chercheurs anglais viennent de découvrir que dormir dans une chambre désordonnée perturbe le sommeil dans sa qualité et sa durée. Le temps pour réussir à s'endormir se rallonge et le lendemain, les sujets ensommeillés pensent plus lentement. Les scientifiques ont aussi noté que les personnes dormant dans de telles conditions sont plus stressées que les autres. L'amoncellement de vieux livres, de coussins, de boîtes qui ne servent à rien et de vêtements crée un univers inapproprié à la sérénité du sommeil. Le réveil quant à lui est synonyme de panique pour retrouver ses affaires. Anticiper inconsciemment ce réveil désagréable peut former une idée parasite qui perturbe le sommeil pour rien. De plus, les sujets concernés ont dû mal à prendre des décisions et à réaliser les tâches de la journée. Tenir une chambre bien rangée, c'est avoir les idées en ordre pour bien s'endormir.

Il y a un autre avantage à dormir dans une chambre ordonnée : elle sera plus propre et le ménage beaucoup plus facile à faire. Il est en effet difficile de bien passer l'aspirateur en faisant du slalom entre les affaires qui traînent sur le sol. Résultat, soit on ne le passe plus, soit on le passe mal. Dans les deux cas, la poussière s'accumule et les moutons sous le lit forment un troupeau qui grossit chaque jour. Et, vous le savez, la poussière est nocive pour la santé. Les acariens à l'origine des allergies se multiplient et la pollution intérieure due aux produits que nous utilisons quotidiennement ne cesse d'augmenter : laques, déodorants, cirages, émanations d'une imprimante... Les microparticules en suspension se fixent sur la poussière de maison pour nous contaminer en nous faisant absorber inutilement toutes ces substances toxiques. Chaque jour, je vous recommande donc ce geste essentiel, dont nous avons déjà parlé dans le chapitre sur l'hygiène : quel que soit le temps à l'extérieur, aérez bien votre chambre. Renouvelez l'air pour évacuer toutes les émanations nuisibles qui s'y trouvent. Même si aujourd'hui vous êtes devenu grand, maman avait raison : rangez votre chambre tous les jours, afin de bien dormir et être en bonne santé.

• QUI DORT DÎNE ?

Beaucoup pensent que le métabolisme ralentit en dormant et qu'il faut éviter certains aliments au dîner pour ne pas grossir. Notre usine métabolique travaille en fait 7 jours sur 7, 24 heures sur 24, au même rythme. Choisir par exemple de consommer des pâtes, du pain ou du riz au dîner ne crée aucun problème. Une étude israélienne a même mis en évidence qu'il vaut mieux les consommer le soir que le midi. La glycémie est plus stable, le sommeil meilleur et le lendemain, on note moins de fringales. Bien sûr, il faut manger des portions raisonnables pour s'assurer un sommeil de qualité.

CHAPITRE 4

LE SEXE

Le nouveau mode d'emploi

LE PLAISIR AVANT TOUT !

Comme vous avez pu le remarquer, j'avoue privilégier d'une manière générale les solutions naturelles et sans danger pour favoriser le plaisir, quel qu'il soit, plutôt que des substances chimiques susceptibles de comporter des risques. Nous disposons de nombreuses études scientifiques concernant les médicaments ; les enjeux financiers sont tels que l'industrie pharmaceutique n'a pas le choix. Je suis sans cesse à la recherche de solutions simples, afin d'éviter la prescription de médicaments. J'écoute avec attention les commentaires informels de mes collègues et de mes patients, les « petits trucs » qui marchent. Je recherche alors les études scientifiques pour appuyer leur bien-fondé. Parfois, j'ai la chance d'en trouver, sinon j'ai le sentiment d'être un médecin aux pieds nus, sans aucune étude à l'appui. Dans ce cas, ma démarche est alors d'identifier les ressorts physiologiques qui permettent de comprendre comment cela fonctionne. Or, cela vaut aussi pour la question de la sexualité. Nombreux sont les patients qui consultent pour un manque de plaisir lors des rapports sexuels, entraînant forcément une baisse de leur fréquence. Souvent, des médicaments sont prescrits, avec les risques d'effets secondaires et parfois d'accoutumance.

Les questions que vous devez vous poser sont simples : est-ce que la personne qui va partager ou partage votre vie vous rend heureux ? À son contact, éprouvez-vous une sérénité, un épanouissement, une joie de vivre qui vont en augmentant ? Vous sentez-vous libre ou cherchez-vous à être quelqu'un d'autre pour séduire ? Une sexualité épanouie a une incidence connue sur l'espérance de vie en bonne santé, elle est l'expression de votre liberté et de votre bien-être. C'est une source qui vous recharge et vous donne envie d'avancer. Elle passe outre les barrières des générations, des pays et des religions pour produire toute la magie du monde. En libérant les ressorts de votre sexualité, vous aurez l'impression d'être encore plus vivant. Voici donc quelques conseils que votre maman n'a sûrement pas osé vous donner.

• LA SEXUALITÉ, C'EST L'ESPACE SECRET OÙ L'ON PEUT EXPRIMER SES DÉSIRS

Pour récupérer en dormant, il faut passer par des phases de sommeil paradoxal. C'est le moment où l'on rêve, où l'on s'agite, où des rêves érotiques font surface, provoquant des réactions de type érection nocturne ou augmentation de la lubrification vaginale. On n'est plus aux commandes, on a lâché prise. Nous éliminons les toxines et le stress accumulés au fil de la journée ; nous reconstituons notre énergie vitale pour le matin. Cette phase est capitale pour être en forme. D'ailleurs, si les somnifères font dormir, ils suppriment en revanche cet espace récupérateur, de telle sorte que l'on se sent fatigué au réveil.

La sexualité fonctionne de la même façon. Il faut s'abandonner et laisser s'exprimer ce que l'on ressent sans tabou.

Tant que vos actes ne sont pas répréhensibles, il n'y a pas de règles. La sexualité est en lien étroit avec l'imagination, loin du politiquement correct. Vous devez construire un nouvel espace où il n'y a ni bien ni mal, seulement l'expression libre de vos tendances profondes, même si elles ne collent pas avec l'image que les autres se font de vous. Ce qui compte, ce n'est pas la réalité mais votre vérité. Il ne faut pas passer son temps à se mettre dans la tête de l'autre, mais se connecter totalement à soi.

• PEUT-ON SE FIER AUX APPARENCES ?

Sclon des scientifiques sud-coréens, la taille du sexe en érection chez l'homme dépend de la taille des doigts. Plus la différence entre l'annulaire et l'index est importante, plus le sexe masculin est long. Si le ratio ne s'inscrit pas dans le bon sens, il ne faut pas s'inquiéter pour autant. La longueur moyenne du pénis en érection varie selon les pays : 17 cm au Congo, 14 cm en France, 9 cm au Népal. Le vagin au repos mesure 8 cm et peut atteindre 12 cm en cas de forte excitation. Ces chiffres permettent de comprendre pourquoi, chez les femmes, il n'y a aucune relation entre la longueur du pénis et l'atteinte de leur satisfaction sexuelle. Je souligne qu'en cas de problèmes, type érection instable, il faut toujours consulter son médecin. En effet, il existe une corrélation fréquente entre les troubles de l'érection et les maladies cardiovasculaires. Un bilan cardiologique s'imposera donc pour rechercher par exemple une potentielle atteinte des artères coronaires.

Une équipe de scientifiques de Padoue en Italie a montré que, plus la quantité de sperme produite est basse, plus les risques de développer un diabète ou des maladies cardiovasculaires augmentent. Jusqu'à présent, le sperme était étudié en termes de qualité et de quantité dans le cadre des bilans de stérilité masculine uniquement. Cette fois-ci, les chercheurs ont établi des liens nouveaux en passant au crible 5 000 volontaires. Il a été démontré que, lorsque la production de sperme se situait à des niveaux bas, le taux de cholestérol, de tension artérielle et de graisse abdominale était de 20 % plus élevé.

La façon de se serrer la main n'est pas anodine

Les scientifiques de Columbia ont constaté que les hommes serrant la main avec fermeté se mariaient plus souvent que ceux avec une poignée de main molle. D'autres travaux ont noté d'une part que les hommes mariés vivent plus longtemps que les célibataires, et que d'autre part la qualité de la force musculaire est corrélée à une longévité en bonne santé. De bons muscles limitent nettement la fréquence des chutes. De précédentes études avaient établi des liens entre la fermeté de la poignée de main et l'état de santé. Les sujets moins exposés aux maladies cardiovasculaires serraient la main avec plus de détermination.

• SUR VOS LÈVRES

Les lèvres sont dotées de capteurs tactiles ultrasensibles. Elles disposent d'un potentiel érogène hors du commun quoique souvent inconnu et inexploité. La peau des lèvres est cent fois plus sensible que celle des doigts. Un baiser sur la lèvre supérieure est un petit chef-d'œuvre du genre. C'est une caresse sensuelle, à la fois tendre et érotique, qui déclenche un feu d'artifice émotionnel. Si vous vous caressez les lèvres avec votre langue, vous ne ressentez rien de particulier. Mais si cela vient de votre partenaire, des vagues de frissons délicieux vous parcourent des pieds à la tête. Il est possible que cette petite caresse sur les lèvres réveille une mémoire archaïque inscrite au plus profond de nous. C'est le souvenir inconscient de nos premiers repas qui associaient le plaisir à un contact buccal. Les réflexes de tétée et de succion chez le nourrisson sont innés et essentiels à la vie. Le début de notre histoire, pour les enfants nourris au sein, commence par le contact entre les lèvres du nouveau-né et le téton de sa mère. Ces premiers instants nous conditionnent probablement pour la vie.

La kisspeptine : l'hormone secrète qui allume le feu

La kisspeptine est une hormone découverte récemment qui agit à la fois sur l'attractivité pour le partenaire et sur le comportement sexuel. Les chercheurs qui l'ont étudiée résument les choses en un mot : « pas de sexe sans un baiser ». Le préliminaire du baiser provoque en fait un bouillonnement hormonal, ce qui explique pourquoi les partenaires font souvent spontanément l'amour après les premiers baisers. Une autre étude menée chez des souris mâles a montré que la kisspeptine augmentait leur attention envers les femelles et diminuait les signes d'anxiété.

Il y a cependant quelques contre-indications temporaires à la pratique du baiser. En effet, certaines maladies peuvent se transmettre par la salive. Pendant une grippe, une gastro-entérite ou une angine, il vaut mieux éviter d'embrasser son partenaire, car on reste contagieux pendant une semaine environ. Le risque de contracter la mononucléose infectieuse, dite maladie du baiser, reste fréquent, même s'il s'agit d'une maladie anodine et que 90 % de la population est immunisée. L'herpès labial, mieux connu sous le nom de bouton de fièvre, interdit quant à lui le baiser : une seule contamination et le virus reste présent toute la vie, il suffit d'une période de stress ou de fatigue pour qu'il ressurgisse. Je conseille enfin d'aller voir régulièrement son dentiste, car des gencives qui saignent peuvent constituer des portes d'entrée de virus ou de bactéries, surtout si les deux partenaires sont concernés. Le virus de l'hépatite B, qui se propage par le sang et les rapports sexuels, peut ainsi se trouver dans des conditions favorables pour évoluer. Une bonne hygiène bucco-dentaire renforcera ainsi votre système de défense.

• La nouvelle position du missionnaire

Quelle forme prend le pénis dans le vagin ? C'est la question existentielle que se sont posée des scientifiques néerlandais. Reprenant des travaux entrepris en France à Montpellier, des chercheurs de Groningen ont demandé à des couples de faire l'amour dans des appareils d'IRM. Contrairement aux idées reçues, le pénis ne reste pas droit comme un piquet dans le vagin. Dans la position du missionnaire, la plus pratiquée de nos jours, un coude apparaît dans le premier tiers de la verge, formant un angle à 120°. Cela lui donne une allure de boomerang, quelle que soit la profondeur de la pénétration. Il suffit d'un petit changement pour que la femme bénéficie d'orgasmes plus fréquents et intenses. Il s'agit de la technique de l'alignement coïtal. Le principe est simple : lors de la pénétration, l'homme essaye de se placer le plus haut possible (sans pour autant se cogner la tête contre celle du lit). Se situer ainsi provoque un frottement mécanique appuyé de la verge contre le clitoris de la partenaire. Les mouvements de va-et-vient induisent une forte stimulation clitoridienne, synchrone de la stimulation vaginale par le pénis. Le partenaire masculin pourra effectuer de façon alternative quelques petits cercles au niveau de la zone clitoridienne, ce qui majore l'excitation. L'étude scientifique sur l'alignement coïtal a observé 43 couples volontaires d'un âge moyen de 39 ans. Les résultats ont montré une très forte augmentation des orgasmes féminins (+ 60 %) qui, par effet miroir, intensifiaient simultanément le plaisir masculin.

• Maîtriser parfaitement l'éjaculation

Parfois, les hommes sentent que l'éjaculation risque de partir trop vite malgré eux. Ils se sentent coupables de ne pas mieux se maîtriser. Pour essayer de temporiser, certains se mettent à penser à des choses tristes, mais sans grand succès. D'autres serrent la base de la verge, mais cela fait mal et diminue l'oxygénation. Dans le cas inverse, certains hommes souhaiteraient accélérer le mouvement, pour être en phase avec leur partenaire. Je vous propose deux méthodes pour contrôler facilement votre éjaculation.

Le coup de frein

Si vous sentez que l'excitation monte trop rapidement, écartez les cuisses au maximum en inspirant calmement et profondément. Maintenez l'écartement et la respiration tant que vous n'avez pas repris la main. Cette position fait baisser la pression naturellement. Une fois le risque d'éjaculation précoce retardé, le rapport reprend normalement et vous pouvez reproduire à volonté ce système de contrôle. Vous décidez de la durée optimale pour que chacun des deux partenaires soit satisfait.

L'accélérateur

Au contraire, si vous voulez accélérer l'éjaculation, serrez les cuisses fermement. Au bout de quelques va-et-vient, vous éjaculerez plus facilement. Pour mettre un turbo supplémentaire, vous pouvez aussi augmenter la pression abdominale en inspirant à fond et en bloquant quelques secondes la respiration. C'est une question de mécanique, comme si vous appuyiez sur un tube de dentifrice pour faire sortir la pâte. La pression qui en résulte au niveau prostatique et testiculaire facilite la sortie du précieux liquide.

Pour mémoire, une éjaculation contient entre 3 et 5 ml de sperme. Cela équivaut environ à une cuillère à café remplie. Cette faible quantité est en décalage avec la sensation perçue, l'impression d'un volume plus important. Il ne faut donc pas s'inquiéter si l'éjaculat est modeste. Le sperme est très riche : il contient du fructose, des vitamines, des acides aminés et des minéraux. La durée de vie d'un spermatozoïde dans le vagin peut atteindre jusqu'à cinq jours.

• DÉCUPLER FACILEMENT SON PLAISIR :
DIRE NON POUR DIRE OUI

Plusieurs collègues m'ont signalé un fait relaté par certains patients : quand hommes ou femmes arrivent à l'acmé du plaisir, ils secouent la tête comme pour dire non de façon rapide et répétée, augmentant ainsi de façon intense la sensation de plaisir sexuel. J'ai donc cherché à comprendre la relation entre ce mouvement et l'augmentation de la jouissance sexuelle. L'explication sur le plan physiologique repose sur plusieurs hypothèses scientifiques. Il est possible que cette agitation participe à mieux élever les influx nerveux du bassin vers le cerveau, ou optimise les connexions entre les deux hémisphères cérébraux. Mais il existe une troisième possibilité au sujet de laquelle j'ai eu la chance d'échanger avec Serge Stoléru[1], un brillant chercheur. Pour faire monter le désir sexuel en puissance, il faut savoir se déconnecter. Or, secouer la tête pourrait être lié à un léger étourdissement, associé à une baisse de l'activité corticale et intellectuelle. Si on pense trop, il est impossible de lâcher prise et la sexualité ne peut pas s'épanouir. Il faut se laisser aller et retrouver son côté animal pour que ça marche. C'est pour cette raison que certains sont davantage partants pour des rapports sexuels quand ils deviennent plus insouciants, après un verre d'alcool ou en vacances. En attendant que des études scientifiques soient réalisées à ce sujet, je vous propose d'essayer cette méthode simple et de vous faire votre propre opinion, pour découvrir si ce petit jeu vous procure plus de plaisir.

---

1. Serge Stoléru, *Un cerveau nommé désir : sexe, amour et neurosciences*, Paris, Odile Jacob, 2016.

• LA LEVRETTE A BON DOS

Il existe un lien significatif entre les lombalgies et la sexualité. Les chiffres parlent d'eux-mêmes : 40 % des sujets souffrant de mal de dos connaissent une baisse de la libido. Deux tiers des femmes ont une absence d'orgasme et 75 % des hommes des troubles de l'érection. La sexualité, c'est comme l'appétit. Moins on mange, moins on a faim. Souvent, les sujets qui souffrent de lombalgies chroniques ne font plus l'amour pendant des mois, ce qui éteint progressivement la libido. Il arrive que le désir ne revienne plus, même quand le mal de dos a disparu. Si vous souffrez de ce symptôme, continuez donc à faire l'amour. Si votre sexualité est au point mort, faites un check-up avec votre médecin pour vérifier l'état de votre colonne vertébrale. À partir de ces réflexions, des chercheurs canadiens ont réussi à déterminer les bonnes positions sexuelles à adopter en cas de lombalgies. Les voici.

Pour les hommes

Pour les hommes, les chercheurs recommandent de ne pas se mettre en position de petite cuillère, surtout quand les douleurs sont plus marquées à la flexion. La position à adopter pour bien ménager son dos est la levrette. Si la position du missionnaire est choisie, il faut demander à sa partenaire de rester les jambes allongées et de ne surtout pas les plier.

Pour les femmes

Pour les femmes qui souffrent à la flexion, la levrette est aussi le bon choix dans la mesure où elles prennent appui sur les mains et non pas sur les coudes. La petite cuillère peut s'avérer aussi une bonne position. Il est au contraire recommandé d'éviter la position du missionnaire, sauf en cas de douleurs à l'extension. Il faut alors placer un coussin sous la cambrure du dos pour le soulager.

• GARDER UN VAGIN JEUNE TOUTE SA VIE

Au moment de la ménopause, dont l'âge moyen se situe autour de 51 ans, il est fréquent de constater des modifications au niveau de la sexualité féminine. La libido diminue et le vagin perd en élasticité, avec une tendance à l'atrophie et une moins bonne lubrification. Moins les zones génitales sont stimulées, plus ces phénomènes s'accentuent. Ces changements physiologiques sont à prendre au sérieux. En effet, ils peuvent être à l'origine de divorces, mais aussi de dépressions. Perte de confiance en soi, sentiments tristes et anxieux émergent souvent.

Un sondage récent pratiqué aux États-Unis vient d'indiquer que 52 % des femmes utilisent des vibromasseurs électriques. Il s'agit d'objets discrets en plastique qui fonctionnent avec des piles. Pendant longtemps, les femmes n'osaient pas entrer dans les magasins spécialisés pour acheter des *sex-toys*, attitude heureusement bouleversée par l'avènement des achats sur Internet. Aujourd'hui, on peut choisir et se faire livrer à domicile ces objets en toute confidentialité. C'est un progrès car auparavant, certaines devaient utiliser des vibromasseurs de fortune comme la brosse à dents électrique (sans la brosse), appelée avec humour « la masturbation du pauvre ». L'usage de vibromasseurs apporte de nombreux bienfaits : ils génèrent une stimulation de la circulation de cette région pelvienne, mais aussi celle des nerfs qui transmettent les sensations sexuelles. Ces *sex-toys*, à doser selon les ressentis de chacune, ont une action régénératrice sur le vagin, en réveillant l'activité en douceur. Le plus efficace est une vibration douce et régulière qui s'exerce de façon latérale ou circulaire sur le capuchon du clitoris. Doté d'environ 8 000 terminaisons nerveuses à vocation érogène, il est nécessaire de le laisser s'éveiller progressivement afin de gonfler harmonieusement en respectant sa physiologie. Il ne faut surtout pas « forcer » quand le clitoris est encore endormi. Si besoin, il est possible d'utiliser un gel de lubrification. L'utilisatrice peut également pratiquer des va-et-vient au niveau des petites lèvres qui sont innervées par des terminaisons nerveuses érogènes.

En tant que médecin, je n'ai aucun tabou. L'utilisation régulière de ces objets montre des résultats positifs. Le plaisir généré diminue l'anxiété et procure un sentiment joyeux et léger qui chasse les pensées dépressives. Le vagin, mieux irrigué et mieux stimulé, gagne en jeunesse et en souplesse. Il devient également mieux lubrifié. Les vibromasseurs permettent de maintenir l'activité sexuelle, comme un fitness quotidien du vagin et du clitoris. Vous ne devez ressentir aucun sentiment de culpabilité ou de honte, même en les utilisant très souvent. Au contraire, vous faites du bien à votre santé mais aussi à votre couple. Ne cherchez pas à vous comparer aux autres, y compris au mythe des femmes fontaines, souvent enviées, qui atteindraient des orgasmes exceptionnels. Il s'agit de femmes qui émettent de grandes quantités de liquide lors des rapports sexuels. Des travaux scientifiques viennent de décrypter ce phénomène insolite. Le liquide « fontaine » peut atteindre 300 ml, ce qui peut inonder complètement un lit. Sur ces 300 ml, on trouve 1 ml de sécrétions vaginales et 299 ml du même mélange que l'urine, mais incolore et inodore – émis par un spasme urinaire synchrone du rapport sexuel. Femme fontaine ou non, c'est l'épanouissement de votre propre sexualité qui compte, pas celle des autres.

Faut-il éviter de faire pipi avant de faire l'amour ?

Beaucoup de femmes font naturellement pipi avant de faire l'amour pour se sentir plus confortable. Il est d'ailleurs recommandé de faire aussi pipi après. Lors des va-et-vient, des bactéries peuvent être repoussées du vagin vers l'urètre et remonter dans la vessie. Elles passent en effet facilement le long de l'urètre, court chez la femme, augmentant le risque d'infection urinaire. Uriner permet de les éliminer mécaniquement. Cependant, certaines femmes ont remarqué qu'une vessie pleine appuie sur le vagin et augmente le plaisir. Une fois l'information relayée sur les réseaux sociaux, de nombreux forums ont permis d'ouvrir des échanges à ce sujet. De là est né le « peegasm », défini par le fait de se retenir avant les rapports et de garder la vessie la plus pleine possible pour obtenir un meilleur orgasme. S'il est exact que l'orgasme survient plus facilement, cette pratique répétée comporte cependant des risques d'infection urinaire. Elle peut à la longue endommager la capacité fonctionnelle de la vessie.

• SOLUTION EXPRESS EN CAS DE PANNE SEXUELLE

Quand une panne sexuelle s'invite chez l'homme, elle est vécue comme une souffrance, générant un sentiment de honte et de dévalorisation. Plus le sujet essaye de maintenir une érection, moins ça marche. Les propos de la partenaire tels que « ce n'est pas grave », « ça va s'arranger », ne sont d'aucune aide. Au contraire, le cerveau masculin en fait l'interprétation suivante : « Dépêche-toi d'avoir une érection, j'ai autre chose à faire. » Parfois, la partenaire enfonce le clou par des propos du type : « Alors je ne te plais plus ? » La perte de confiance en soi génère une forte anxiété susceptible de ruiner le rapport suivant. Les idées négatives défilent dans le cerveau : « je n'y arriverai pas », « elle va se moquer de moi »… Ces pensées activent le système cortical et sympathique, élevant les facteurs de détumescence pénienne. C'est un véritable cercle vicieux.

Les médicaments prescrits pour l'érection n'apportent pas vraiment de solution. Qu'elles soient bleues ou jaunes, ces petites pilules augmentent la rigidité d'une érection existante, mais ne peuvent en aucun cas la provoquer. Autrement dit, il n'existe pas de médicament qui joue le rôle « d'allume-feu » pour susciter une érection. Son seuil de déclenchement représente le point le plus sensible et le plus vulnérable de la physiologie masculine. Il n'est pas possible de se dire : « Maintenant, je vais avoir une érection. » Se concentrer intellectuellement et activer les régions corticales donne l'effet inverse. En connaissant mieux les mécanismes de son corps, il est plus facile d'obtenir de belles érections.

On/Off

Le déclenchement de l'érection est en rapport étroit avec les systèmes sympathique et parasympathique. En résumé, le sympathique mène l'action et le combat grâce à l'adrénaline, tandis que le parasympathique digère, se relaxe et dort. Le système nerveux sympathique inhibe l'érection et provoque une flaccidité de la verge, le système nerveux parasympathique favorise l'érection réflexe. C'est comme un système de feu vert et de feu rouge. Pour mémoire, ces systèmes nerveux interviennent dans d'autres fonctions physiologiques, à savoir la régulation du rythme cardiaque, la digestion, le sommeil... Ces données permettent de comprendre pourquoi certains hommes très actifs dans leur vie professionnelle sont plus sujets à des pannes sexuelles que les autres. Ils ne prennent pas le temps suffisant pour déconnecter. En cas de problème, le plus simple et le plus rapide consiste à stimuler soi-même le système nerveux parasympathique. L'avantage avec les nerfs, c'est qu'ils réagissent au quart de tour. Vous pouvez « hacker » votre système parasympathique par quelques manœuvres simples.

Se dandiner comme un chat : l'effet S2/S4

Les personnes possédant un chat ont pu remarquer son besoin naturel de se dandiner avant un rapport amoureux. Ce balancement permet de mieux diffuser les odeurs corporelles, dont les phéromones, utiles pour augmenter la séduction entre partenaires, mais pas seulement... D'autres effets sur l'organisme sont notables. Au lieu de rester figé, vous obligez votre corps à effectuer des mouvements de façon répétée, comme un sportif qui s'échauffe doucement avant l'effort. Grâce à ce mouvement, vous activez également votre circulation sanguine au niveau pelvien où se situent les organes génitaux.

L'érection nécessite une myorelaxation. Le système parasympathique doit être stimulé quand le système sympathique doit lui se mettre en sourdine. Tout se joue au niveau de la colonne vertébrale. Entre la onzième vertèbre dorsale et la deuxième vertèbre lombaire se trouve le point de départ des nerfs sympathiques. En revanche, au niveau des vertèbres sacrées S2/S4 partent les nerfs parasympathiques en direction de la sphère génitale. Ces nerfs jouent un rôle clé dans le déclenchement de l'érection. Leur stimulation permet d'obtenir facilement une érection satisfaisante. Or, les chats excitent par instinct cette région en se dandinant. Ils ont la solution pour jouir de rapports sexuels performants. Pour éveiller le bon réseau nerveux, la première étape est de s'habituer à repérer la place des vertèbres concernées, situées au niveau le plus bas de la colonne, en jonction avec le coccyx. Vous pouvez sentir avec votre doigt la place du coccyx, à la naissance du sillon interfessier, comme une petite pointe. Allongez-vous nu sur le dos. Placez vos deux poings fermés, à la même hauteur, dans la partie haute de chaque fesse. Effectuez ensuite environ une cinquantaine de mouvements rapides latéraux de la partie la plus basse de la colonne S2/S4. Voilà, vous vous déhanchez maintenant comme un chat ! Je vous laisse apprécier ensuite le résultat...

• L'ORGASME CÉRÉBRAL

Un nouveau territoire sensoriel, qui prend de plus en plus d'ampleur, est appelé l'AMSR. Nous nous situons là dans une autre dimension du plaisir. AMSR signifie « *autonomous sensory meridian response* » soit « réponse maximale sensorielle autonome » en français. En se concentrant sur des sensations auditives, comme les chants d'oiseaux, les pages d'un livre qu'on feuillette ou le bruit d'une rivière, les stimuli s'amplifient de telle sorte qu'on atteint un moment de béatitude heureuse. Prenez un instant et imaginez... Le plaisir et le bien-être montent en puissance. De subtils fourmillements et des frissons vous parcourent le bas du dos, remontent jusque dans les épaules et la nuque. C'est comme si l'on vous caressait le cerveau. Une sensation de sécurité et de plénitude vous envahit, extase totale. D'ailleurs pour certains, l'AMSR se révèle beaucoup plus forte qu'un rapport sexuel. C'est un ressenti qui va au-delà de la méditation. Si cette dernière nous amène certes à vivre intensément le présent, avec l'AMSR, nous faisons évoluer le présent. Vous trouverez facilement sur Internet des vidéos de ces sons particuliers.

Certains couples, quant à eux, sont des adeptes de l'amour sans pénétration. En effet, le rapport sexuel « classique » ressemble parfois à une autoroute où on ne prend pas le temps de regarder le paysage. On va à l'essentiel, mais trop vite. Décider ensemble de faire l'amour sans pénétration amène le couple à des découvertes passionnantes. Avec le désir mutuel qui monte en puissance, des zones endormies à fort potentiel érogène vont se réveiller. Explorer tout doucement le corps de l'autre vous fera imaginer ensuite d'autres façons de faire l'amour et d'être plus en phase avec votre carte érogène. Beaucoup atteignent alors des orgasmes cérébraux d'une intensité hors du commun.

La sexualité toute la vie

Des scientifiques ont mis en évidence que les couples faisant l'amour après 50 ans présentent une meilleure élocution et une capacité visuelle plus affûtée. L'explication est simple. Les rapports sexuels augmentent la sécrétion de dopamine qui favorise la mémoire et les fonctions cérébrales, en particulier visiospatiales. Ces travaux soulignent qu'il n'y a pas d'âge pour continuer à avoir une sexualité harmonieuse.

• BÉNÉFICIER DES EFFETS DE L'AMOUR
SANS FAIRE L'AMOUR

De nombreuses études scientifiques ont mis l'accent sur le lien entre fréquence des rapports sexuels et espérance de vie en bonne santé. Selon les populations, avec douze rapports par mois, l'espérance de vie augmente de huit à dix ans. Autre fait relevé : les couples avec un tel rythme paraissent avoir dix ans de moins. Cela est aussi dû au fait que, lorsqu'on semble dix ans plus jeune, on vit dix ans de plus. Pour quelles raisons un rapport sexuel apporte-t-il autant de bénéfices ? Quelle est donc la mystérieuse alchimie qui s'opère ? Lors d'un acte sexuel, on assiste à la libération d'un cocktail d'hormones excellentes pour le bon fonctionnement de l'organisme. Le corps se met à fabriquer des molécules aux puissants effets protecteurs et antistress. L'acte sexuel est aussi un acte de médecine préventive. Que du bonheur…

Ces fameuses hormones peuvent aussi être produites dans d'autres circonstances. Je pense ici à toutes celles et tous ceux qui sont solitaires. On ne peut pas se forcer à avoir des rapports sexuels avec n'importe qui pour une question de médecine préventive. C'est en ce sens que je vous propose de fabriquer autrement ces molécules magiques. Ces hormones, je les nomme la « dose » : dopamine, ocytocine, sérotonine, endorphine. Je vais vous expliquer comment produire ce « shoot » quotidien afin d'être en parfaite santé et heureux. Vous allumerez ainsi un feu d'artifice d'hormones du bonheur et découvrirez des alternatives au plaisir sexuel. Cela vous évitera de prendre des médicaments tranquillisants qui endorment vos émotions lorsque vous n'êtes pas en forme.

• QUARANTE-HUIT HEURES DE PLAISIR EN CONTINU

Chaque rapport sexuel génère un feu d'artifice d'hormones du bonheur : dopamine, ocytocine, sérotonine, endorphine. Elles ont de nombreux effets bénéfiques, augmentent le bien-être et diminuent le stress. La masturbation ne produit pas les mêmes effets. Sur le plan psychologique, elle s'accompagne d'un sentiment de solitude et sur le plan physiologique, les ressentis sont différents. Pour le comprendre, pensez aux chatouilles. Si une personne vous chatouille, vous pouvez rire aux éclats ; si vous le faites vous-même, il ne se produit rien du tout. Embrassez-vous sur la cuisse : il ne se passe rien. Quand on vous le fait, c'est délicieux et sensuel.

La dopamine : la fréquence du bonheur
et de l'épanouissement sexuel

La dopamine est un neuromédiateur du plaisir et de la récompense. Quand il juge une expérience heureuse, le cerveau injecte cette hormone dans nos vaisseaux. Écouter certaines musiques est une façon parmi tant d'autres de produire de la dopamine sans faire l'amour. Quand vous frissonnez en entendant les mélodies que vous aimez ou qui vous rappellent de bons souvenirs, c'est en fait la dopamine qui déclenche ces sensations. Des chercheurs ont ainsi montré que prêter attention à une musique appréciée stimule les centres de la récompense dans le cerveau. Plus nous adorons une musique – vous savez, ces morceaux qui nous hérissent les poils –, plus notre taux de dopamine augmente. Comme pour toutes les sources de récompenses et de plaisir, il arrive toujours un moment néanmoins où vous ne sentirez plus rien à force de répétition. Dans ce cas, partez à la recherche d'autres airs qui prendront le relais. Nous sommes tous différents dans ce que nous ressentons en écoutant de la musique. Ne vous fiez pas aux goûts de votre voisin, ce sont les vôtres qui comptent. Tout n'est pas figé pour autant : vous évoluez au fil des années, et vous pouvez un jour détester ce que vous avez adoré. C'est peut-être un peu comme en amour... Pour l'anecdote, il a été établi par des études que, plus la musique est forte dans les restaurants, plus les consommateurs préfèrent des aliments gras comme les cheeseburgers et les frites. Pour finir, sachez que l'exercice, la méditation, les voyages et la création sont aussi des pour-voyeurs de sécrétion de dopamine.

L'ocytocine, l'hormone de l'amour

Si vous adorez la blanquette de veau, vous serez très content quand je vous en servirai. En vous en proposant une deuxième fois, vous trouverez cela moins bon. La troisième fois, vous serez même écœuré. Si je vous en prépare midi et soir les jours suivants, vous finirez par détester ce plat. Cette usure du plaisir est constante et valable pour tous les domaines, comme nous l'avons dit plus haut pour la musique. La répétition d'un même plaisir fait disparaître la jouissance. En prenant connaissance de cette donnée physiologique humaine, vous vous demandez peut-être comment les couples restent ensemble pendant des années. Faire l'amour toujours avec la même personne, com-ment est-ce possible ? C'est là que l'ocytocine entre en jeu. Hormone sécrétée chez les amoureux, elle est celle qui unit attachement et plaisir. Elle tisse un fil invisible pour souder le couple, en créant une forme de plénitude particulière liée à l'attachement des deux partenaires. Elle est produite lors des rapports sexuels, mais aussi dans d'autres circonstances. Chez l'homme, elle aide à l'éjaculation et, chez la femme, elle peut déclencher des contractions de la sphère utérine. Les caresses peuvent aussi la stimuler, comme lors d'un massage ou d'un câlin par exemple. L'ocytocine enfin est aussi l'hormone du lien social. Aller vers les autres, leur sourire, faire preuve de compassion et de bienveillance la fait augmenter.

Jusqu'aux larmes

En 2015, des scientifiques des Pays-Bas ont demandé à des volontaires de regarder des films mélodramatiques, dont La Vie est belle, *de Roberto Benigni. Les spectateurs devaient noter leur humeur avant, pendant et après la projection. Les 28 personnes ayant pleuré ont ressenti une tristesse plus intense que ceux restés les yeux secs. Une heure et demie après le film pourtant, les plus émotifs affichaient un bien meilleur moral que les autres. Il se peut que les larmes s'accompagnent d'une sécrétion d'ocytocine expliquant cet état.*

• LA SÉROTONINE : LE CERVEAU AMOUREUX

La sérotonine est produite à 95 % par le tube digestif, avec le nerf vague qui sert de déclencheur. Ce nerf porte deux autres noms : le nerf n° 10 et le pneumogastrique. C'est la principale voie de communication entre le cerveau et le tube digestif ; 90 % de ses fibres sont consacrées à cette liaison. En plus d'être une molécule du bonheur et de la bonne humeur, la sérotonine contribue aussi à un bon contrôle de l'appétit, avec un effet coupe-faim puissant. Des chirurgiens américains ont même réussi à faire maigrir des obèses en implantant des stimulateurs électriques au niveau de ce nerf.

Il existe plusieurs moyens pour demander à votre corps de produire un « shoot » de sérotonine. Remplissez votre bouche d'eau tiède pendant trois minutes en faisant bien gonfler les joues. La langue doit être complètement immergée. Pendant ce temps, respirez tranquillement et profondément par le nez, le plus lentement possible. Vous pouvez reproduire le même effet en provoquant une hypersalivation. Vous remplirez ainsi progressivement votre bouche de salive jusqu'à avoir la cavité buccale sous tension. Cela prend quelques minutes, j'ai fait le test en me chronométrant ! Pour vous aider, imaginez que vous êtes en train de manger votre plat préféré. Comme nous produisons naturellement 1 litre de salive par jour, vous pouvez y arriver rapidement. La stimulation du nerf vague se révélant très efficace, demandez à votre médecin traitant s'il n'y a pas de contre-indication à l'activer.

Les endorphines libérées quant à elles pendant les rapports sexuels boostent la bonne humeur et diminuent le stress. Elles sont proches de la morphine par leur composition, ce qui explique pourquoi elles nous font voir la vie en rose. L'activité physique d'une manière globale génère de belles quantités d'endorphines. Avec seulement trente minutes d'exercice sans vous arrêter (marche, bicyclette, vélo d'appartement, natation), vous en libérerez une bonne dose. Ce phénomène permet de comprendre pourquoi les sportifs deviennent « accros » à une pratique quotidienne. Une étude réalisée aux États-Unis s'est penchée sur le plaisir sexuel ressenti en salle de sport chez 370 femmes volontaires. Les résultats ont montré que 15 % d'entre elles éprouvaient un tel plaisir lors des séances d'exercices et, parmi celles-ci, un tiers parvenait à obtenir de vrais orgasmes. Les intéressées ont signalé que, lorsque la montée du plaisir et l'orgasme se produisaient, elles se sentaient néanmoins gênées de se trouver en public. Les exercices les plus efficaces pour obtenir cette récompense étaient les abdominaux (51 %), le lever de poids (26 %), le yoga (20 %) et le cyclisme (16 %). Ces conclusions sont surprenantes car normalement, il faut être totalement détendu pour obtenir un orgasme. Or, lors d'un effort musculaire, la tension est au contraire maximale. L'explication tient dans le fait que lors d'exercices physiques intenses, on se concentre tellement sur le corps qu'on relâche la pression mentale, ouvrant la voie à d'autres sensations. La libération d'endorphines provoquée par l'activité physique produit alors tout son effet au niveau des centres du plaisir.

Les aliments du bonheur et de la jouissance

De façon plus douce, certains aliments participent à l'élévation des endorphines : le chocolat noir en est un exemple phare. En revanche, il faut être vigilant car il fait grossir, avec 550 calories pour une tablette. D'autres aliments chauds et très épicés méritent d'être cités, tels que le piment. Pourquoi décidons-nous d'avaler des aliments dont on sait à l'avance qu'ils vont nous faire souffrir ? Pourquoi choisir cette « self » torture ? Voici l'explication. Quand vous partagez un repas très épicé, rapidement vous reniflez, vous pleurez, vous avez trop chaud. Quand vous reprenez votre respiration, une vague de bonne humeur monte parmi les convives. Un peu de douleur augmente le plaisir, sans pour autant être masochiste. Cela est dû à la présence de capsaïcine dans les aliments épicés, qui envoie un signal de douleur et déclenche une libération d'endorphines pour effacer ce stimulus désagréable. Autre petit avantage des piments : en augmentant la température du corps, ils favorisent la perte de poids... Le kiwi à son tour n'offre que des avantages, étant incroyablement riche en vitamine C. Or, cette vitamine contribue aussi à la production d'endorphines par l'organisme. Un seul fruit couvre 90 % des apports journaliers. Une récente étude norvégienne montre qu'en consommer trois par jour abaisse la tension artérielle.

Des odeurs et des rires

Selon les résultats d'une étude scientifique réalisée à New York, plus de 60 % des sujets à qui l'on faisait sentir des extraits de vanille voyaient leur niveau d'anxiété chuter. Il est possible que cette odeur provoque une libération d'endorphines.

Pour augmenter leur nombre et diminuer l'hormone du stress, s'amuser est également une solution miracle : regarder un film ou un spectacle comique, lire des blagues, jouer avec les mots et les situations, je vous conseille d'essayer tout ce qui vous tombe sous la main ! Vous aurez d'ailleurs remarqué que les personnes drôles sont souvent séduisantes et charismatiques. Il est important de rire avec son partenaire, afin de dédramatiser les petits tracas du quotidien et d'augmenter la complicité amoureuse. Dans certains hôpitaux, des clowns rendent visite aux enfants malades pour leur redonner le sourire. On assiste même à l'éclosion d'ateliers de « rigologie » ou de yoga du rire, où les gens se réunissent pour plaisanter ensemble. Les médecins recommandent cette thérapie, à raison d'un quart d'heure par jour. Cela réduit la tension artérielle, augmente les performances du système immunitaire, renforce la positivité et rend moins anxieux. En conclusion : ne vous privez surtout pas !

CHAPITRE 5

VOUS N'AVEZ PAS
LE TEMPS DE VIEILLIR

VIEILLIR JEUNE !

Entrez dans votre cuisine et regardez : pouvez-vous dénicher un seul appareil électroménager qui aurait plus de quarante ans ? Impossible. Pourtant, qu'il s'agisse de la machine à laver la vaisselle, des plaques de cuisson ou du four, ils ne marchent pas 24 heures sur 24. Ils ne sont pas comme vous, qui devez assurer en permanence un bon fonctionnement de vos organes. En cas de besoin, des pièces détachées sont disponibles pour réparer ces engins. Les progrès médicaux conduiront à augmenter le nombre d'organes de remplacement au cours de notre siècle, certes, mais ce n'est pas pour demain, et nous devons tenir d'ici là.

À partir de 40 ans, c'est un véritable champ de tir. Des balles sifflent dans tous les coins. Le nombre de cancers, de maladies cardiovasculaires et de maladies neurodégénératives monte en flèche. Notre système immunitaire est moins performant chaque jour car nos cellules immunitaires ne perçoivent plus les agresseurs avec autant de précision. On se sent aussi plus fatigué et moins efficace à tous les niveaux. Je vais vous donner les moyens de faire face à cette nouvelle situation. Il est encore temps de changer les règles du jeu afin de vieillir dans de bonnes conditions.

• À 40 ANS, ON NE DOIT PLUS MANGER COMME AVANT

On ne peut pas s'alimenter de la même manière à 40 ans qu'à 20 ans. Nos systèmes d'élimination vitaux comme les reins ou le foie ont perdu en efficacité. Les déchets toxiques, parfois cancérigènes, tendent à s'accumuler si on ne fait rien. L'exemple le plus courant que j'observe à cet âge est la fréquence des stéatoses hépatiques, autrement dit un foie gras, facilement détectable à l'échographie. Si on place à côté un foie gras de canard ou d'oie, il présente la même allure et la même couleur. Ce diagnostic ne doit pas être pris à la légère, car c'est une porte d'entrée de trop nombreuses maladies. Pensez à un filtre qui n'arrive plus à nettoyer les déchets correctement : ces derniers restent dans le corps jusqu'à provoquer parfois des cancers, la plupart du temps réversibles à ce stade, en restant cependant optimiste. Pourtant, il suffit de modifier son alimentation pendant 500 jours seulement pour se refaire un foie tout neuf. En quelques mots : arrêtez les boissons alcoolisées et freinez un grand coup les sucres et les graisses. Choisissez les aliments qui vous apportent la juste quantité d'énergie, mais aussi avec le moins de déchets possible. Imaginez qu'au lieu d'utiliser du pétrole ou du charbon, vous passiez à l'éolienne et aux panneaux solaires. Pour continuer à vivre en bonne santé, il vous faut des énergies saines porteuses de bons carburants, sans risque de vous abîmer. Pour commencer, écoutez les signaux que vous envoie votre corps, les premiers appels de détresse émis par votre organisme. Si ces SOS restent sans réponse, vous allez finir par être en danger. Décryptez-les et agissez.

Arrêtez les dégâts à temps

Le verbe « restaurer » peut s'entendre de différentes manières dont celle-ci : restaurer un meuble pour lui faire du bien et le réparer de son usure. Faites de même en restaurant votre corps. Les aliments sont là pour nous aider et non pas pour nous nuire. Des scientifiques allemands ont d'ailleurs mis en évidence le fait que les régimes hypercaloriques riches en burgers, frites et sodas sont interprétés par nos cellules comme des attaques. Le système immunitaire dès lors répond à ces agressions en déclenchant des inflammations, un moyen de protection essentiel du corps. Dans le cas de pathologies aiguës, il permet de se défendre contre les pathogènes et enclenche la reconstruction des tissus du corps. Toutefois, lorsqu'on est exposé à une inflammation chronique, tout le bénéfice de ce mécanisme disparaît, pour ouvrir la porte à de nombreuses maladies, en modifiant l'expression des gènes clés pour notre défense. L'inflammation est la voie d'entrée de l'athérosclérose qui bouche nos artères, du diabète et de nombreux cancers.

On devient ce que l'on mange

À la naissance, les larves des abeilles, qu'elles deviennent ouvrières ou reines, présentent exactement le même code génétique. Plus tard, le corps d'une reine contient des différences immenses par rapport à celui d'une ouvrière en raison de leur façon de s'alimenter. La future reine sera nourrie indéfiniment à la gelée royale, alors que l'ouvrière n'en bénéficiera que trois à quatre jours, pour ensuite se sustenter de miel et de pollen. Or, la reine bénéficie d'une longévité incroyable, de trois à cinq ans, alors qu'une ouvrière d'été survit cinq à six semaines, et une ouvrière d'hiver cinq à six mois. Pour les mâles, la situation est tout autre. Ils meurent soit après l'accouplement, soit à la fin de l'été s'ils ne sont pas parvenus à trouver une partenaire. On note aussi une variation importante concernant leur taille : tandis qu'une ouvrière mesure un centimètre de long, la reine est deux fois plus grande ! Leurs caractéristiques anatomiques, physiologiques et comportementales sont donc distinctes. Ces comparaisons illustrent ainsi à quel point la nutrition et la longévité sont liées, bien plus que les données génétiques dont on dispose à la naissance. L'alimentation joue directement sur l'expression de notre patrimoine, en éteignant les mauvais gènes et en allumant les bons.

Nous sommes constitués de 30 000 milliards de cellules, en perpétuel renouvellement. Tout s'abîme avec le temps. Notre corps demande à être auto-réparé chaque jour pour continuer à bien fonctionner. C'est pourquoi il faut éviter d'accumuler les dégâts consécutifs à une mauvaise nutrition. L'équilibre entre préjudices et capacités de régénération est très fragile. Un grain de sable peut être à l'origine de maladies redoutables comme le cancer ou les maladies cardiovasculaires. Bien se nourrir est un besoin permanent : nos cellules ne cessent jamais leur renouvellement. Plus nous avançons en âge, moins nous supportons les écarts alimentaires répétés.

Vous n'avez plus les moyens de manger pareil

Évitez les repas riches en graisses, en sucres et en alcool. Réservez-les à des moments exceptionnels. Après 40 ans, votre organisme n'a plus les moyens de pratiquer ce genre de sport. Vos organes de filtration comme le foie ou les reins ne savent plus gérer de tels déluges caloriques et filtrer toute cette crasse. Mettre ainsi son organisme en surchauffe pour un repas n'est pas raisonnable. C'est accélérer son usure pour un plaisir trop éphémère. Vous ne feriez pas les 24 Heures du Mans avec une automobile qui a 40 ans et 400 000 km au compteur. Elle ne ferait pas beaucoup de tours de circuit !

Rajeunissez vos artères en un mois

Le proverbe dit : « On a l'âge de ses artères ». C'est bien vrai. Plus elles sont rigides et encrassées par l'athérome – un dépôt de différents éléments qui bouchent progressivement l'artère –, moins les organes sont oxygénés. De la peau du visage au cœur, du cerveau à la capacité d'érection, l'impact est significatif. Si vous en êtes arrivé là, tout n'est pas perdu. Des médecins du Missouri ont découvert qu'en réduisant la consommation de sucre et en baissant l'apport calorique à 645 par jour pendant un mois, les résultats étaient concluants. Le poids, les triglycérides sanguins et le taux d'insuline baissaient mais surtout, ce régime jouait directement sur les artères, qui devenaient plus souples. Les chercheurs ont été surpris de constater à quel point l'alimentation avait une incidence rapide sur les vaisseaux. En seulement quatre semaines, la vitesse du flux dans les artères se modifiait d'un mètre par seconde, ce qui est considérable ! Les scientifiques n'expliquent pas encore pour quelle raison les résultats étaient meilleurs chez les femmes que chez les hommes.

Dans une même approche, des scientifiques de Houston ont remarqué que les obèses perdant 20 % de leur poids initial réduisaient de 53 % le syndrome métabolique dont ils souffrent.

Celui-ci se caractérise par la réunion de plusieurs facteurs de risques, parmi lesquels un tour de taille supérieur à 80 cm pour les femmes et 94 cm pour les hommes, une hypertension artérielle, des triglycérides élevés, une glycémie haute et un faible taux de bon cholestérol (HDL). Aussi, conserver un poids élevé et « ne pas se priver » tout en prenant des pilules pour le cholestérol est synonyme de diabète et de tension, et revient à laisser le patient exposé aux autres risques sévères de l'obésité, en particulier aux nombreux cancers liés à la surcharge pondérale.

Vous sortez de table et vous avez vieilli

Revenez un peu en arrière et analysez vos derniers repas. Vous êtes-vous senti fatigué en sortant de table ? Avoir une baisse de forme après manger n'est pas bon signe. Cela signifie que les aliments ingérés ont été à la fois trop copieux et mal choisis. Votre corps va devoir mobiliser toutes ses forces pour les assimiler, chose épuisante. De plus, cet excès de carburant inutile favorise l'accumulation des déchets, qu'ils soient cancérigènes ou qu'ils encrassent vos artères. Même si vous savez déjà tout cela, vous n'arrivez pourtant pas à changer les choses et cédez aux excès, au même titre que le fumeur qui continue de s'empoisonner malgré les photos atroces des paquets. La cigarette écrasée ou le repas terminé, vous êtes toujours en vie. Vous vous sentez invincible. Pour apaiser votre conscience, vous vous dites que vous vous rattraperez le lendemain ou le surlendemain. C'est en fait dans ces moments de plaisirs fugaces que vous retrouvez le temps de l'enfance, celui où vous aviez tout le temps devant vous et où vous vous sentiez éternel.

**À force de manger non pas pour vous,
mais contre vous, vous allez vous détruire**

*Une souris vit deux à trois ans, un singe vingt-cinq ans
et un humain autour de quatre-vingts ans. En comparant
ces espèces, des chercheurs ont découvert les raisons de
la durée de vie plus ou moins courte d'un être vivant : les
dommages de l'ADN, en particulier la « méthylation ». Ils
ont établi que la restriction calorique donnait un sérieux
coup de frein à cette usure, augmentant l'espérance de vie
en bonne santé. Réduire ses apports caloriques nécessite
d'apporter juste ce dont le corps a besoin pour vivre bien.*

• LE DOSHA EN INDIEN
C'EST LE BIEN-ÊTRE CELLULAIRE

En médecine ayurvédique, les trois doshas représentent les
énergies vitales combinées à partir des cinq éléments fondamentaux (terre, eau, air, feu, espace). Quand les trois équi-
libres sont maintenus, on est en bonne santé psychologique et
physiologique. Nous devons maintenir cette balance biologique
harmonieuse tout en étant en mouvement. Les aliments que
nous avalons participent à cet équilibre. Il faut savoir changer
son métabolisme pour vivre mieux et plus longtemps.

Pesez-vous chaque semaine. Vous ne devez en aucun cas
avoir une courbe de poids qui augmente avec les années. Je
vous ai largement parlé des nombreux risques liés au surpoids.
Apprenez à ménager votre foie et vos reins. Ils ne peuvent pas
fournir les mêmes efforts que s'ils étaient neufs. Consommez le

moins de sucre possible, car celui-ci accélère le vieillissement, favorise les cancers et le diabète. Un fruit par repas est suffisant. Réservez les pâtisseries et l'alcool pour des événements particuliers ; n'en consommez pas au quotidien. Baissez votre quantité de sel pour faire du bien à vos artères. Préférez les cuissons vapeur ou à l'eau et les aliments nature.

• BOIRE DU SPERME POUR NE PAS VIEILLIR ?

Vous souriez déjà. Je vais vous parler de spermidine, l'un des composants du sperme parmi tant d'autres : fructose, vitamines C et B12, magnésium, protéines, l'acide lactique… Le fructose permet aux spermatozoïdes pendant leur stockage d'avoir l'énergie nécessaire à leur maintien en bonnes conditions. Une éjaculation, je vous le rappelle, contient 3 à 5 ml de sperme, soit l'équivalent d'une cuillère à café. Les spermatozoïdes constituent quant à eux seulement 1 % de ce volume.

Comme nous l'avons vu, le processus d'autophagie nettoie la cellule de ses déchets et freine ainsi le vieillissement. C'est une sorte de cure détox cellulaire. On vient de découvrir que la présence de cellules sénescentes dans l'organisme est un accélérateur puissant du vieillissement. Les chercheurs ont montré que, lorsqu'on débarrasse totalement une souris de telles cellules, elle gagne 25 % de vie en plus. Or, la spermidine est la première substance produite dans le corps qui active l'autophagie. Elle augmente par ce moyen l'espérance de vie.

La spermidine, l'élixir naturel de longévité

En dehors de notre production naturelle de spermidine, nous pouvons doper sa concentration en consommant certains aliments. La spermidine agit sur de nombreux facteurs qui entrent en jeu dans le vieillissement. Par exemple, elle améliore le métabolisme cellulaire, les cellules souches des os et des cartilages, la régénération des tissus, les fonctions cardiovasculaires, et diminue par une autophagie plus performante les plaques cérébrales susceptibles d'intervenir dans les processus de neurodégénérescence. Des recherches récentes nous apprennent par ailleurs que le taux de spermidine est plus élevé chez les centenaires en bonne santé. D'autres travaux ont mis en évidence l'effet bénéfique de la spermidine sur la prévention du vieillissement des artères. On peut ainsi réduire de 50 % les décès par maladies cardiovasculaires. Si certains aliments encrassent littéralement nos artères, la spermidine veille au contraire à conserver la souplesse et la jeunesse de celles-ci.

Ces découvertes incitent à augmenter la consommation d'aliments riches en spermidine, surtout après 40 ans. Pensez à les mettre à votre menu, tout en vous faisant plaisir. Parmi les légumes, nous trouvons en tête les champignons, le soja cuit, le tofu et la choucroute. Ensuite viennent les petits pois, l'aneth, le céleri et les brocolis. Pour les fruits, optez en particulier pour le jus de raisin ou d'orange frais, les oranges entières, les poires, la mangue. Les vieux fromages offrent une bonne concentration de spermidine : roquefort, brie, bleu et cheddar affinés pendant plus d'un an. Les gibiers, le riz brun, le maïs, les moules, le thé noir, le crabe en conserve ont également une teneur satisfaisante. Certains aliments riches en spermidine doivent néanmoins être consommés avec modération du fait de leur composition, comme les foies de veau ou ceux de volaille. N'oublions pas que le foie est un filtre et qu'en le dégustant, on avale aussi des toxines et du cholestérol. Enfin, produit de luxe, le caviar est aussi un bon pourvoyeur de spermidine.

Gagner 20 ans de vie en modifiant son alimentation

Une récente étude réalisée au Texas a montré que les souris ayant à leur menu quotidien des aliments riches en spermidine augmentaient de 25 % leur espérance de vie. Si on transpose ces résultats à l'homme, cela correspond à une espérance de vie qui passerait de 81 à 100 ans, simplement en modifiant l'alimentation.

Une autre façon de « dé-jeûner »

Le fait de jeûner, même sur une période de douze à seize heures, augmente naturellement la concentration de spermidine produite par le corps tout en baissant le niveau d'inflammation. Choisir pour son premier repas après le jeûne des aliments riches en spermidine permet de prolonger ses effets bénéfiques. Pensez aussi à sélectionner des aliments à index glycémique faible qui ne vont pas obliger votre pancréas à sécréter trop d'insuline pour faire face à un afflux de sucre. Les sucres se transforment en effet en graisses dans l'organisme et augmentent l'inflammation. L'avocat, les céréales complètes et le tofu par exemple sont faibles en calories (76), comme les fruits. Une étude récente a montré que les consommatrices régulières de ce type de végétaux bénéficiaient d'un effet préventif sur le vieillissement des ovaires, retardant ainsi l'âge de la ménopause.

• LES INTESTINS PROTECTEURS

Nos intestins ont une mission quotidienne ardue. Ils doivent laisser entrer les nutriments essentiels à la vie et faire obstacle aux produits toxiques comme les pesticides ou les microbes trop virulents. Quand ces organes n'assurent pas bien leur rôle, les signaux d'alerte émis correspondent à une inflammation qui se manifeste par des colites et un ventre gonflé sous l'effet des gaz. Certains aliments ont la capacité d'aider les intestins à bénéficier d'une barrière très performante. Pour cette raison, ils contribuent à baisser la fréquence des cancers digestifs. Les chercheurs ont découvert que trois aliments disposent d'une molécule, l'indole glucosinolate, qui intervient directement pour protéger les intestins des toxines : le brocoli, le chou et les choux de Bruxelles. Cette molécule crée un équilibre parfait entre le système immunitaire et la flore intestinale. Pour une bonne digestibilité, je recommande de consommer ces aliments toujours suffisamment cuits.

• LES ALIMENTS ANTI-ÂGE

Les aliments frigo et les aliments chaudière

Certains aliments jouent sur la température corporelle. Vous avez déjà fait l'expérience de consommer un plat au curry, très poivré, ou avec du piment : vous avez soudainement chaud, transpirez peut-être. La capsaïcine contenue dans les piments stimule en fait les capteurs buccaux qui interviennent dans l'élévation de la température. Le gingembre à son tour contribue à cette hausse, qu'il soit incorporé dans une boisson, dans un plat ou mangé directement. Il existe aussi des paradoxes. Boire très froid augmente la température corporelle, alors que boire chaud provoque l'inverse. C'est pour cette raison que les nomades dans le désert préfèrent le thé chaud pour se désaltérer.

Manger du poisson pour vivre plus longtemps en bonne santé

En étudiant 200 000 personnes pendant seize ans, des chercheurs ont remarqué que les consommateurs de poisson, à raison de plusieurs fois par semaine, présentaient un taux de mortalité global plus bas de 9 % par rapport à ceux qui n'en mangeaient pas. La présence des fameux oméga 3 contenus dans le poisson peut expliquer ces résultats. Privilégiez ainsi les poissons gras, tels que le saumon ou le maquereau. Je conseille également de consommer de petits poissons comme les sardines, qui contiennent moins de métaux lourds.

Les sept thés capitaux

Les médecins japonais ont fait preuve de patience. En étudiant 13 000 personnes pendant sept ans, ils ont comparé celles qui ne prenaient jamais de thé avec de petits, moyens et grands buveurs de thé vert. Résultat : la bonne dose correspondait à 7 tasses par jour. Avec ce type de consommation, les buveurs de thé vert affichaient en effet un taux de mortalité réduit de 55 %, avec un risque de maladie cardiovasculaire réduit à ton tour de 75 %. J'ajoute qu'il est préférable de prendre le breuvage pendant la première partie de journée car le thé, contenant de la caféine, peut nuire à la qualité du sommeil. Vérifiez que votre marque de thé habituelle ne contient pas de pesticides, et en cas d'absence d'information ou de doute, choisissez du thé bio.

• PETITS GESTES DU QUOTIDIEN
POUR MANGER SAIN TOUS LES JOURS

La pomme d'Adam et Ève

Nous ne sommes plus au paradis ! Une pomme subit en moyenne 30 traitements chimiques pour bien se conserver. Ces pesticides, s'ils sont consommés une seule fois ne présentent pas de problèmes, mais au fil des années, ils peuvent se bioaccumuler et être à l'origine de maladies. Le plus efficace, sauf si elle est bio, c'est d'éplucher la pomme, mais cela prend du temps. Des chercheurs américains viennent de trouver une autre façon de manger une pomme sans pesticides. La recette est simple. Il ne s'agit pas de frotter la peau avec un torchon, cela ne sert à rien. Les scientifiques ont constaté que le fait de plonger les pommes dans du soda bicarbonaté gazeux pendant un quart d'heure nettoyait de façon très efficace les pommes : 80 % du pesticide thiabendazole (un fongicide) et 96 % du pesticide phosmet (un insecticide) disparaissent. Dans ces conditions, une pomme chaque matin éloigne le médecin.

187

La peau des végétaux est souvent l'endroit où se concentrent les pesticides. En les épluchant, on se débarrasse de 90 % d'entre eux. Rassurez-vous, la chair du fruit ou du légume contient assez de vitamines pour vos besoins personnels. Soyez particulièrement vigilant en ce qui concerne les pommes de terre, à ne pas manger « en robe des champs », ou les carottes, qu'on pèlera soigneusement avant de les passer à la moulinette pour les râper. En règle générale, enlevez la peau au maximum car elle peut irriter les intestins et être à l'origine de spasmes et d'un ventre gonflé. Il en est ainsi pour la peau des tomates, par exemple, à ébouillanter pour pouvoir l'ôter facilement.

Lorsqu'on consomme la peau ou l'enveloppe protectrice d'un aliment, il est très important de se soucier de son origine : de nombreuses personnes ont pu effectuer des manipulations avant ou après la récolte et y déverser des produits. Je vous invite donc à la plus grande prudence quand vous mangez la peau des végétaux.

• Pour ne pas mourir étouffé en vieillissant

Le corps humain contient 639 muscles. Pour bien fonctionner, ils ont besoin d'activité. L'énergie générée par le mouvement constitue le carburant nécessaire à leur fonctionnalité et efficacité. Avec le temps, nous perdons progressivement ce précieux capital si nous ne faisons rien pour le maintenir. Par exemple, il suffit de six semaines dans une jambe plâtrée pour que le mollet fonde. La rééducation devra dès lors être rapide afin de retrouver l'équilibre et éviter les chutes. Nous avons tous en mémoire des personnes âgées décédées de suites médicales après être simplement tombées par terre faute de muscles puissants pour assurer une bonne statique. Dès l'âge de 30 ans, nous perdons en moyenne 1,5 % de notre masse musculaire chaque année. À l'âge de 70 ans, c'est 60 % des muscles qui ont fondu. Quand elle se produit sur des muscles essentiels à la vie, cette déficience peut entraîner des conséquences catastrophiques.

À ce titre, les muscles de la gorge et de la langue sont situés à un carrefour stratégique. Ils contrôlent deux fonctions vitales : respirer et s'alimenter. Ils sont au croisement entre l'air qui entre dans nos poumons pour nous apporter l'oxygène, et les aliments qui passent de la bouche à l'estomac. Une erreur d'aiguillage à cet embranchement peut entraîner la mort par étouffement : les aliments passent dans la trachée au lieu d'aller dans l'œsophage. Ce sont les fameuses fausses routes, la hantise des personnes s'occupant de sujets âgés. Pour ne pas en arriver là, il faut s'exercer le plus tôt possible pour conserver sa tonicité musculaire. Il n'est jamais trop tard pour retrouver un fonctionnement efficient.

Apprenez à muscler votre gorge

Pour ne pas évincer une bonne résolution, il faut l'associer à quelque chose que vous faites obligatoirement tous les jours. De la régularité dépendra le succès. Le plus simple, c'est de réaliser les exercices suivant juste avant de vous laver les dents. Cela vous prendra une minute, mais elle sera capitale pour les années à venir. Ces exercices de « fitness » du larynx ont pour but d'aider à avaler de façon plus performante. Ils augmentent la force et la mobilité des muscles laryngés, de la langue, et en assurent un meilleur contrôle. L'épiglotte fonctionne comme un clapet qui protège les voies aériennes lorsque nous avalons des aliments. Elle réagit au quart de tour quand les muscles sont entraînés. La langue est un muscle qui joue un rôle clé dans la déglutition. Bien qu'elle fasse à l'origine partie des muscles les plus puissants de l'organisme, elle perdra aussi sa force avec le temps si on ne la fait pas travailler correctement. Imaginez la langue d'une personne de 80 ans ayant perdu les trois quarts de sa capacité et vous comprendrez les fausses routes. Chaque exercice est à pratiquer cinq fois de suite.

Petits exercices à alterner chaque jour

Le bruit du galop des chevaux

Faites claquer le plus fort possible le dos de la langue contre le palais comme une ventouse, 10 fois bouche fermée et 10 fois bouche ouverte.

Le Chuttt

Avalez votre salive, les molaires du fond serrées et les lèvres dans la même position que lorsque vous dites « chuttt ». Pendant la déglutition, il ne faut ni bouger les lèvres ni desserrer les dents. Pour ce faire, observez-vous dans un miroir : votre visage doit rester impassible.

La paille

Serrez une paille entre les lèvres et avalez votre salive en gardant la langue au-dessus de la paille sans contracter les lèvres ni desserrer les dents.

Le va-et-vient
Placez 10 petits bouts de papier sur une table ainsi que deux tasses séparées de 20 cm. En les aspirant avec une paille, déplacez chaque bout de papier d'une tasse à l'autre.

Déglutir puissance 10
Déglutissez le plus fort possible 10 fois de suite en gardant les dents serrées.

Gym tonic des 4 points cardinaux
Tirez la langue en poussant une petite cuillère que vous placerez devant vous. Recommencez, mais en essayant de toucher votre menton avec le bout de votre langue. Ensuite, poussez votre langue en arrière comme si vous vouliez montrer votre gorge. Appuyez avec le bout de la langue dans la partie inférieure de votre bouche et complétez en poussant vers le haut du palais. Maintenant, tirez la langue en essayant de toucher la commissure des lèvres à droite et à gauche. Si vous arrivez à le faire trop facilement, appuyez avec votre langue sur votre doigt pour augmenter la résistance. Pour terminer, balayez le haut de votre palais d'avant en arrière avec votre langue, comme si vous vouliez le gratter.

• FRISSONS DÉLICIEUX

Des scientifiques ont montré qu'en baissant d'un demi-degré la température corporelle des souris, elles bénéficiaient de 15 % de vie en plus. Si j'établis un parallèle avec l'homme, cela représente douze années de plus d'espérance de vie. Nous passerions donc de 81 ans à 93 ans. Pour obtenir ce résultat chez la souris, les chercheurs sont intervenus chirurgicalement sur une partie du cerveau nommée l'hypothalamus, qui permet de maintenir une température constante. Cette expérience dangereuse est évidemment impossible à réaliser chez l'homme. Quoi que nous fassions, notre thermostat intérieur maintient coûte que coûte notre température corporelle à 37 °C, en commençant par brûler notre graisse brune. Nous n'avons pas la chance de bénéficier de la température à 32 °C du rat-taupe nu, cette petite souris sans poil sur laquelle je fais des recherches. Elle vit trente ans en parfaite santé, alors qu'une souris « normale » vit au mieux deux à trois ans. C'est comme si nous, humains, vivions six cents ans en bonne santé !

Il a été observé également que les centenaires avaient une température plus basse que le reste de la population. Après 40 ans, il faut mettre toutes les chances de son côté et une petite baisse de température est toujours bonne à prendre. Avec bon sens, vous avez sans doute noté un détail : quand on avale un repas copieux gras et sucré, on a très chaud pendant la digestion. C'est exactement la même chose lorsqu'on demande de nombreuses tâches à un ordinateur : il chauffe. Mais ce n'est pas le cas après un repas frugal, qui donne même parfois la sensation d'un léger froid. Pour pouvoir jouer sur notre température corporelle, notre seule chance est donc de limiter la quantité de nos repas.

• GARDER UNE VUE PERFORMANTE
PENDANT AU MOINS UN SIÈCLE

J'ai souvent entendu cette petite phrase : « Si c'est pour vivre très vieux et ne plus rien voir ni entendre, cela ne m'intéresse pas. » Garder le capital jeunesse de nos organes sensoriels fait partie de la qualité de la vie quand les années passent. La DMLA (dégénérescence maculaire liée à l'âge) provoque une perte progressive de la vision centrale. C'est la première cause de cécité des plus de 50 ans. Si l'on peut retrouver dans certains cas des causes génétiques à cette affection, le mode de vie joue beaucoup. Le tabac multiplie le risque par six et l'obésité majore aussi la fréquence de cette maladie invalidante. À l'inverse, certains aliments ont un effet protecteur contre la DMLA : les bonnes graisses comme les oméga 3 et le DHEA, les caroténoïdes, les vitamines C et E, ou encore le zinc.

Prenez votre carte orange

Des chercheurs australiens viennent de découvrir un aliment au potentiel étonnant pour lutter contre la DMLA, en suivant 2 000 adultes de plus de 50 ans pendant quinze ans. Ils se sont intéressés aux flavonoïdes, des antioxydants se trouvant en grande quantité dans les oranges. Résultat : les sujets consommant une orange tous les jours présentaient 61 % de DMLA en moins par rapport à ceux qui n'en mangeaient pas. Ce qui est surprenant, c'est qu'il existe des flavonoïdes dans d'autres aliments tels que le thé, les pommes ou le vin rouge. Dans ce cas, pourquoi seuls ceux contenus dans les oranges fonctionnent-ils sur la DMLA ? J'attends avec impatience la suite de ces études pour comprendre ce phénomène. Quoi qu'il en soit, en dégustant une orange chaque jour, vous participez à la protection de votre vision, sans risques ni effets secondaires.

• LA MÉNOPAUSE QUI CESSE DE L'ÊTRE

La ménopause est toujours présentée sous des angles négatifs qui mettent en exergue ses effets désagréables : bouffées de chaleur, sueurs nocturnes, vieillissement accéléré… Les messages médiatiques soulignent qu'il faut lutter contre, comme s'il s'agissait d'une maladie. Or, si une personne vous dit que vous avez l'air malade, il y a de fortes chances justement que vous vous sentiez mal ! Depuis de nombreuses années, j'ai observé des différences considérables d'une femme ménopausée à l'autre. Certaines se trouvent anxieuses et dépressives, tandis que d'autres se disent plus épanouies et heureuses qu'avant. J'ai cherché à comprendre les raisons d'une telle disparité, aidé dans ma réflexion par les travaux scientifiques de l'université du Michigan. Selon eux, de nombreuses femmes se sentaient nettement moins stressées et jouissaient d'une meilleure qualité de vie durant cette période. Les chercheurs ont noté en particulier que la perception du stress se modifiait dans le bon sens. Car ce n'est pas le stress qui compte, mais le ressenti que l'on en a. Cette meilleure sérénité peut s'expliquer par divers facteurs : la disparition des douleurs prémenstruelles et des règles, le fait de ne plus avoir d'enfants à gérer, la disparition de migraines liées aux cycles hormonaux… La ménopause peut être vécue comme un moment idéal pour s'occuper de soi, faire davantage d'exercice physique et mieux gérer son alimentation. Elle peut se révéler une saison merveilleuse si elle est vécue comme l'aboutissement et l'accomplissement de la féminité.

Pour les femmes ne l'ayant pas atteinte, les nouvelles découvertes scientifiques peuvent vous aider à la retarder si vous en avez envie. L'âge moyen de la ménopause se situe autour de 51 ans, mais il existe cependant des écarts très importants, allant des ménopauses précoces à 40 ans jusqu'aux ménopauses tardives à 55 ans. Des chercheurs britanniques ont mis en évidence le rôle déterminant de la nutrition dans ce cycle. Pour résumer leurs travaux, sachez que les fortes consommatrices de riz, de pâtes blanches et de biscuits apéritifs connaissent une ménopause plus précoce d'environ deux ans. Si la femme est fumeuse, elle accélère son apparition de treize mois à deux ans, selon les quantités. Ces chiffres additionnés, on arrive à quatre ans plus tôt. Pour celles se nourrissant souvent des poissons gras riches en oméga 3 comme le saumon, le thon, la sardine ou le maquereau, on remarque au contraire un retard d'apparition d'environ trois ans, amenant l'âge à 54 ans. D'autres aliments contribuent aussi à retarder cette période. Citons le zinc, que l'on retrouve par exemple dans les fruits de mer. La vitamine B6 intervient favorablement aussi, mais avec un rôle plus modeste. Les pommes de terre et les volailles en contiennent en bonne quantité. Avec un cholestérol et une tension artérielle dans les limites basses de la normale, on peut encore gagner jusqu'à quatre ans. Les auteurs de l'étude ont par ailleurs noté que la consommation régulière de légumes retardait aussi la ménopause. Il est possible que leur richesse en fibres, participant à la baisse du taux de cholestérol, en soit l'un des facteurs.

• CE QUE NOS PARENTS NOUS ONT LÉGUÉ

Certains se rassurent en se répétant que si leurs parents ou grands-parents ont vécu centenaires, ils ont tiré le bon numéro. Ils pensent pouvoir négliger leur hygiène de vie étant de toute façon protégés par leur patrimoine génétique. Les autres restent silencieux, en se disant qu'ils n'ont pas cette chance. La réalité est bien différente. Grâce à l'étude de Framingham réalisée aux États-Unis, on sait maintenant la vérité à ce sujet. Encore menée aujourd'hui, elle porte depuis 1948 sur trois générations d'habitants de cette ville américaine. Selon ses conclusions, il n'y a que 6 % de corrélation entre l'espérance de vie des parents et celle de leurs enfants, pourcentage très modeste. Il a été noté dans ce cadre que si les deux parents sont morts après 75 ans, leurs enfants ont un âge physiologique trois à quatre ans plus jeune que l'âge chronologique. Si les deux parents sont morts avant 75 ans, c'est la même différence, mais dans le sens inverse. Vous l'aurez compris, des parents ou grands-parents qui font de vieux os ne représentent pas un talisman. On aboutit aux mêmes conclusions en étudiant de vrais jumeaux avec le même code génétique : s'ils mènent des vies différentes (tabac, sédentarité, obésité, stress...), l'espérance de vie change du tout au tout. Il est possible également que nos grands-parents n'aient pas été exposés comme nous à des quantités importantes de polluants comme les pesticides, les perturbateurs endocriniens et les produits chimiques. Ces substances nocives peuvent réactiver des gènes responsables de maladies sommeillant dans les patrimoines génétiques de nos ancêtres. N'étant pas en contact avec elles, ils ne risquaient pas que ces vecteurs de maladies se réveillent, contrairement à nous.

• POUR NE PAS VIVRE SEUL

Parfois, le mariage représente du stress et des contraintes. Pourtant, des études ont montré que vivre seul raccourcit l'espérance de vie jusqu'à dix ans. C'est considérable. Le risque néanmoins n'est pas le même pour les deux sexes. Les hommes seuls augmentent de 32 % leur risque de décès, contre 23 % pour les femmes célibataires. Par ailleurs, il a été noté que les hommes partageant leur vie avec une femme de quinze à dix-sept ans plus jeune qu'eux diminuent leurs risques de décès de 50 %, poussés à faire davantage attention pour « rester à niveau » : exercice physique, minceur, séduction… Je regrette que cette étude n'ait pas été conduite chez des femmes vivant avec des hommes plus jeunes !

• POUR NE PAS PERDRE LA « BOULE », JOUEZ À LA PÉTANQUE

La solitude et le manque d'échanges accélèrent le déclin cérébral. L'absence de mouvement fait fondre les muscles et raidit les articulations. Mais c'est oublier l'existence d'un jeu merveilleux, que l'on peut pratiquer même au-delà de 120 ans : la pétanque. C'est une vraie source de bienfaits. Elle fait travailler l'équilibre : les deux pieds bien ancrés dans le sol, il faut à chaque lancer travailler sa stabilité pour être efficace. Les articulations des genoux, des épaules et du poignet sont mises à contribution et gagnent en souplesse. Pour tirer comme pour ramasser les boules, les muscles abdominaux sont mobilisés, tout comme ceux des cuisses et des bras. Se tenir debout évite également de passer ses journées en position assise, laquelle augmente les risques de diabète et de cancers du côlon.

La nécessité de se concentrer et de ne penser, le temps de la partie, qu'à la boule et au cochonnet, est un autre atout de la pétanque, un antistress efficace qui oblige à découvrir le calme intérieur. Ce lâcher-prise est la base de la méditation. Il est d'ailleurs intéressant de noter qu'en Thaïlande, des moines bouddhistes pratiquent la pétanque. Il existe même en France un temple bouddhiste alliant pétanque, spiritualité et méditation. Ce jeu est donc en quelque sorte l'inverse d'Internet. Au lieu de laisser les personnes seules face à des écrans, il réunit toutes les générations, tous les métiers, toutes les classes sociales. Le terrain de jeu devient un lieu de rencontres et d'échanges, simple et convivial. Tout le monde peut participer, les règles s'apprennent en trois minutes et l'instinct fait le reste. Si vous souhaitez commencer, rien de plus aisé puisqu'en France, chaque ville dispose de fédérations qui ne demandent qu'à vous accueillir. Il est temps à présent de lancer le cochonnet !

• OSEZ ÊTRE JEUNE QUEL QUE SOIT L'ÂGE

« La jeunesse, c'est une chose que l'on n'a pas envie d'endurer. » Et si William Shakespeare avait raison ? La plus belle jeunesse, c'est celle qu'on décide d'avoir, que l'on invente et que l'on crée chaque jour. Souvenez-vous de vos dix-huit premières années. Mineur, vous n'aviez pas le droit de faire quoi que ce soit sans la permission de vos parents. Vous passiez votre vie sur le siège arrière de l'automobile sans décider de l'itinéraire. Rappelez-vous les devoirs, les examens, le stress des résultats, les printemps ensoleillés passés à réviser... Ou encore l'angoisse de l'avenir et le manque de confiance en soi qui nous caractérisent en général à cet âge-là. Repensez aux hormones qui vous tourmentaient et à votre nouveau corps dans lequel vous étiez mal à l'aise, à vos rêves amoureux qui tombaient à l'eau. Regardez les photos de cette époque et vous verrez votre passé se dérouler sous vos yeux. Il n'y a aucun regret à avoir vieilli. Le meilleur, c'est maintenant ! Osez être jeune aujourd'hui dans votre esprit et votre corps.

Volez sans culpabilité ce que vous aimez à la jeunesse et adoptez-le. Décider d'être jeune, c'est générer une nouvelle énergie vitale inépuisable et refuser les stéréotypes liés à l'âge civil. Ceux qui se pensent plus jeunes dans leur tête gagnent dix ans d'espérance de vie en bonne santé.

Il n'y a plus aucun lien entre votre personnalité à 77 ans et l'adolescent de 17 ans que vous étiez

Les cellules de notre corps se renouvellent en permanence. L'expression de notre code génétique lui-même n'est pas immuable. En fonction de l'environnement dans lequel nous vivons, il change aussi. Certains n'arrivent pas à être heureux, souhaitant absolument rester fidèles à eux-mêmes. Ils n'intègrent pas que l'adolescent qu'ils étaient et l'adulte qu'ils sont devenus sont deux êtres différents. Vouloir rester dans le prolongement d'un monde disparu empêche la spontanéité et la joie. Les chercheurs de l'université d'Édimbourg ont entrepris une vaste étude en 1947, en sélectionnant à l'époque une population importante d'adolescents de 14 ans ; soixante-trois ans plus tard, ils ont recontacté les sujets pour comparer de façon minutieuse leurs traits de personnalité à 14 et 77 ans. Aucun point commun n'a été décelé, à l'exception près d'une légère constance dans la stabilité de l'humeur. C'est très rassurant. Cela prouve que rien n'est encore joué à l'adolescence. Nous devons apprendre à nous adapter et à nous construire chaque jour, telle est la clé de notre bonheur. Je vous propose ainsi d'écrire une lettre à celle ou celui que vous étiez le jour de vos 18 ans. Confiez-lui les recommandations qui pourraient l'aider dans ses choix pour l'avenir. Vous allez découvrir des faits oubliés et vous sentir libéré. Ces phrases écrites vous plongeront dans un univers magique et révélateur.

Quelques conseils pour vous aider à extraire
le meilleur de la jeunesse rien que pour vous

Débarrassez-vous de tout ce qui vous ennuie et des obligations inutiles. Laissez tomber les repas de famille et les rencontres avec des amis qui ne vous font pas plaisir. Allez vers des inconnus pour vous ouvrir à de nouvelles idées, de nouveaux horizons. Cassez les routines qui accélèrent le vieillissement. Essayez de nouvelles cuisines, regardez des films que vous n'avez pas l'habitude de voir, écoutez des musiques d'ailleurs. Habillez-vous comme vous le sentez en vous moquant du regard des autres. Soyez libre d'exprimer ce que vous pensez quoi que les autres en disent. Changez d'avis et dites-le avec force. Ne restez pas figé sur de vieilles positions si vous n'y croyez plus. Bougez. Ne laissez surtout pas votre corps se fissurer et devenir mou. Faites de l'exercice tous les jours et pratiquez de nouvelles activités. Apprenez une langue étrangère et mettez vos connaissances à jour : je parle notamment des nouveaux mots utilisés par les adolescents, ces mots qui vous excluent et vous font passer pour celui qui ne comprend rien. Faites comme Albert Einstein, tirez-leur la langue ! Tenez-vous au courant des innovations, des nouveaux réseaux sociaux et utilisez-les. Vous resterez dans la tendance et personne ne pourra vous qualifier de « ringard ». Enfin, laissez votre sexualité s'exprimer sans culpabilité. En adoptant de nouveaux modes de vie et en changeant vos habitudes, vous vous mettez en mouvement et rechargez votre énergie vitale.

*Rester jeune dans sa tête, c'est le secret
d'une bonne santé*

Le secret d'une jeunesse éternelle réside dans l'approche que vous avez des événements. L'explication est simple. Si vous commencez à appréhender de nouvelles activités en lançant « ce n'est plus de mon âge », c'est mal parti. Quand un cycliste pédale trop lentement, il tombe. Ne pas prendre de risque, c'est prendre des risques. Ne vous laissez pas ronger par vos peurs anticipatoires. Les études scientifiques confirment ces données. En analysant une population de sujets d'un âge moyen de 65,8 ans, les chercheurs ont noté que ceux qui se pensaient plus jeunes que leur âge avaient deux fois moins d'accidents vasculaires que les autres. Le cerveau des sujets se sentant plus jeunes vieillit moins vite, il est comme protégé et se prémunit contre la baisse d'activité.

Il faut souligner aussi que nous ne vieillissons pas comme nos parents ou grands-parents. Les nouvelles mesures des critères de l'âge montrent que les personnes de 70 ans sont en fait les nouveaux sexagénaires. La date figurant sur la carte d'identité n'est pas le meilleur moyen pour définir l'âge de quelqu'un. Le niveau d'activité intellectuelle et physique, la rapidité de la marche, l'adaptabilité à la nouveauté sont aussi des éléments importants, tout comme le niveau d'athérosclérose des artères (qui se mesure par le score calcique coronaire) et l'âge biologique (par la mesure des télomères). Plus votre niveau intellectuel est stimulé et votre mémoire renforcée, plus vous serez résistant aux maladies neurodégénératives. Avec la maladie d'Alzheimer en particulier, des neurones sont perdus chaque jour en excès. Si vous êtes riche en neurones efficaces quand survient la maladie, vous disposerez d'un stock plus important, une barrière essentielle pour mieux résister.

Un certain sens de l'humour augmente de sept ans l'espérance de vie

Le sens de l'humour augmente de sept ans l'espérance de vie en bonne santé, tel est le résultat d'une étude réalisée sur plus de 50 000 personnes en Scandinavie. Les chercheurs se sont concentrés sur un humour joyeux, mais jamais agressif. Il ne s'agit pas de faire des blagues à tout bout de champ ou de jouer le clown de service. Très vite, vous vous épuiseriez. Il s'agit en fait d'un état d'esprit. L'humour n'a pas besoin d'être extériorisé pour produire son effet bénéfique. Il permet de prendre une distance face aux situations désagréables et de relativiser. Rire de soi-même et des autres sans rien dire procure une bouffée d'oxygène qui rend plus libre. C'est là que nous touchons l'effet protecteur de l'humour : il agit comme un antistress efficace ; vous prenez de l'altitude en vous faisant du bien. Recherchez ce qui vous fait sourire intérieurement. Par exemple, décidez de donner des surnoms comiques aux personnes que vous côtoyez. Montrez-vous espiègle comme les enfants malpolis, vous verrez, c'est un véritable antirouille. Face à n'importe quel événement, entraînez-vous à l'interpréter de façon humoristique. Votre sens de l'humour montera en flèche et vous rajeunirez en dédramatisant. Dans le même ordre d'idées, se sentir en bonne santé quelles que soient les données réelles agit sur l'espérance de vie. Des médecins ont étudié des personnes du même âge souffrant de maladies identiques. Celles qui ne s'en préoccupaient pas augmentaient nettement leur espérance de vie par rapport à ceux qui voyaient tout en noir. Pour conclure, je terminerai avec une étude rétrospective réalisée sur des photographies d'hommes et de femmes : les scientifiques ont en effet noté un lien fort entre l'intensité du sourire et une bonne espérance de vie.

Où sont les vrais risques ?

Nous venons de découvrir que certains événements de notre vie accélèrent le vieillissement de notre cerveau. Les épreuves d'anxiété et de stress ne font pas seulement blanchir les cheveux, elles usent aussi prématurément la capacité cérébrale. Elles peuvent revêtir plusieurs aspects : divorce, problèmes financiers ou de santé, décès d'un proche... Des scientifiques californiens ont noté qu'à partir de 40 ans, ces événements ont un véritable impact cérébral. Ils ont effectué des mesures du cerveau à l'IRM et le constat est net : dans les deux années qui suivent, le cerveau vieillit plus vite que la normale tant au niveau anatomique que dans ses capacités de réaction.

Nous sommes tous différents dans notre ressenti de la maladie. Des éléments extérieurs jouent bien évidemment sur notre sensibilité. Par exemple, si vous habitez dans une région ensoleillée, votre risque de cancer de la peau est plus élevé. Les Australiens en sont conscients, étant dans le peloton de tête des fréquences de mélanome. Dans notre vie quotidienne, il peut aussi nous arriver de commettre des erreurs d'appréciation. J'ai souvent remarqué le phénomène suivant : lorsqu'une personne meurt d'une maladie comme un cancer du côlon, l'entourage, notamment s'il est du même âge, vient souvent consulter pour savoir si tout va bien de ce côté-là. La maladie à l'origine d'un décès d'un proche engendre souvent une vigilence accrue sur point précis. Il est donc nécessaire de s'entraîner à mettre toutes les chances de son côté, mais au bon endroit. Se surprotéger du risque d'une maladie dont le risque est faible et baisser la garde là où le risque est élevé est très fréquent. Ainsi, à l'occasion d'un check-up, après avoir contrôlé que tout va bien, je me concentre sur ce que j'appelle les points de vulnérabilité, là où il faut « mettre le paquet » en termes de surveillance et de mesures de prévention. Apprenez à vous protéger des vraies maladies qui menacent de près plutôt que de ses fantasmes.

• RÉVEILLEZ L'ANIMAL QUI EST EN VOUS : SUIVEZ VOTRE INSTINCT

En étudiant les animaux, j'ai remarqué qu'ils avaient naturellement résolu certaines des énigmes les plus délicates de notre santé : vivre très longtemps en bonne forme, résister aux cancers, aux maladies cardiovasculaires et neurodégénératives... Beaucoup sont capables de se soigner, tout en étant en harmonie avec leur environnement, et observent des règles d'hygiène efficaces pour lutter contre l'obésité, avoir une digestion facile et gérer le stress. Les animaux possèdent aussi des astuces pour bénéficier d'une sexualité satisfaisante ou passer de bonnes nuits réparatrices. Pour qu'ils nous apprennent ce qui soigne si bien, il faut les aborder avec respect et bienveillance, sans idées préconçues. Il ne faut pas partir du principe que nous leur sommes supérieurs, car même s'ils ne parlent pas, ils communiquent par un langage parfois bien plus efficace que le nôtre.

La santé sauvage

Notre part animale, c'est notre socle originel et intact. Il ne faut pas la nier, mais l'apprivoiser. L'ignorer et la refouler, c'est s'exposer à être mal sans savoir pourquoi, avec l'impression déplaisante que nos actions ne nous correspondent pas et que nous faisons semblant. Je ne vous suggère pas de vous comporter comme des animaux sauvages, – en prédateurs violents –, mais de donner à votre vie une base solide et cohérente en partant de ce que nous sommes et pas de ce que nous devrions être. Les animaux sont des professeurs extraordinaires. Ils se soignent eux-mêmes et utilisent leur pharmacie naturelle ouverte jour et nuit : des centaines de plantes, écorces, graines dont ils connaissent parfaitement les pouvoirs de guérison. Ils vont même plus loin : par la force de la transmission entre générations, ils adoptent le mode de vie le plus sain qui soit pour se protéger de nombreuses maladies. Observez autour de vous. Vous connaissez sans doute des chiens ou des chats obèses. *A contrario*, les loups ou les guépards ne le sont pas. Nous forçons nos bêtes domestiquées à renoncer à la part animale qu'elles portent en elles, ce qui les fragilise. Ces animaux souffrent alors des mêmes maladies que leurs maîtres : des pathologies cardiovasculaires, des cancers ou encore une sénilité parfois précoce les menacent. Inconsciemment, nous faisons tout pour qu'ils nous ressemblent. Pour eux comme pour nous, la vie sédentaire tue à petit feu. Nous devenons accros à des aliments nocifs qui fonctionnent comme des poisons lents et invisibles. Rien à voir avec le cyanure, qui tue instantanément, mais davantage une sorte d'arsenic, qui détruit progressivement. Reprenons les réflexes de nos origines pour renouer avec notre énergie primitive.

Les animaux ont la clé pour se soigner naturellement

La principale cause planétaire de mortalité reste le vieillissement. En effet, aussi étonnant que cela puisse paraître, si l'on découvrait demain le médicament universel pour guérir tous les cancers, l'augmentation de l'espérance de vie resterait inférieure à trois ans. Cela signifie que nous autres humains sommes limités dans le temps, avec une durée de vie moyenne de 80 ans pour les hommes et 85 ans pour les femmes. La qualité de vie quant à elle a tendance à se dégrader. Face au record mondial de 122 ans détenu par Jeanne Calment, peu souhaitent aller aussi loin. Plus on avance en âge, plus l'efficacité de notre système immunitaire diminue, ce qui explique qu'un sujet âgé peut mourir d'une simple grippe. Freiner ou arrêter le vieillissement, c'est allonger sa durée de vie, mais c'est là que la qualité de vie entre en jeu. Il paraît bien impossible d'augmenter indéfiniment notre durée de vie.

Et pourtant, certains animaux sont devenus presque éternels, comme la méduse *Turritopsis nutricula* ; d'autres vivent deux siècles en bonne santé, notamment le poisson sébaste à œil épineux. Comme nous, ce sont des organismes vivants avec des cellules qui doivent fonctionner 24 heures sur 24. Beaucoup de ces êtres vivants ont découvert instinctivement dans la nature et grâce à leur mode de vie les recettes pour défier le temps. Nous en connaissons une partie. D'autres gardent jalousement leurs secrets qui restent à décrypter. Ne cherchons pas à inventer ce qui existe déjà. Je vous précise tout de même qu'en aucun cas, c'est en les mangeant que l'on récupère leurs pouvoirs ! Ce serait aussi ridicule que de consommer de la corne de rhinocéros et de sacrifier ces animaux pour des vertus aphrodisiaques qui n'existent pas.

• LE BIEN ET LE MAL

La peur d'être empoisonné est inscrite en nous. Au moindre nouveau scandale sanitaire, nous paniquons. L'idée de déceler un produit cancérigène dans les taches brunes d'une pomme nous fait froid dans le dos. Les mauvaises graisses qui bouchent nos artères ou des traces d'aluminium à même de nous rendre gâteux nous effraient. Or, le stress est très mauvais pour la santé. Passer son temps à s'inquiéter pour rien, c'est vivre à l'année dans un état anxieux. De plus, à force de crier au loup tous les jours, on risque de baisser la garde et de ne pas réagir quand un vrai danger se présentera. Je vous propose donc de vivre le plus sereinement possible au milieu de ces risques toxiques, en les hiérarchisant avec bon sens. Prenons l'exemple de l'acide chlorhydrique, disponible dans le commerce en bouteille, repérable par son bouchon sécurisé et son étiquette avec une tête de mort. Par association d'idées, nous pouvons penser aux criminels qui l'utilisent pour faire disparaître un corps : c'est une substance terrible par son puissant pouvoir de destruction. Et pourtant, sachez que notre estomac fabrique tous les jours de ce produit pour nous aider à digérer les aliments. S'il peut aussi provoquer des reflux acides qui brûlent la gorge, il ne faut pas en avoir peur, car il ne s'attaque qu'aux aliments et pas aux parois. Si vous craignez d'avaler un citron pressé en raison de son acidité, vous vous privez pour rien d'une excellente source de vitamine C et d'un fruit aux multiples bienfaits. Cependant, si vous ressentez des brûlures gastriques répétées, il est recommandé de consulter votre médecin car il peut s'agir d'une simple gastrite, d'un ulcère gastrique provoqué par la bactérie *Helicobacter pylori*, ou, plus grave, d'un cancer. Il arrive aussi que cette inflammation soit due à des dents en mauvais état qui parachutent des microbes en permanence sur votre estomac.

CHAPITRE 6

LE BONHEUR QUI SOIGNE

La vie en rose

FAITES BRILLER VOTRE VIE

Le bonheur, c'est un axe majeur de la santé, souhaité par toute maman pour son enfant. Être heureux s'apparente à un parcours initiatique pour mettre en lumière les chemins de la joie. Je vous propose un pèlerinage au cœur de vous-même pour apprendre à vous connaître et découvrir ce qui vous rend réellement bien. Éloignez-vous des mirages générés par les publicités et de tous ceux qui se prétendent épanouis de par leurs réussites matérielles. Le bonheur est personnel et intime. Si vous ne cessez de vous comparer aux autres, vous ne l'atteindrez jamais. Vous passerez votre vie dans le manque et la frustration. À travers les conseils de mamans mais pas seulement, j'ai découvert de nombreux secrets pour être heureux grâce à des méthodes simples. Le bien-être donne confiance en soi. Pensez aux moments de l'enfance où vous bâtissiez des mondes imaginaires avec vos jouets. Tout était possible. Continuez à jouer en vous réinventant tout au long de votre vie.

Choisissez ce que vous voulez être et non pas ce que les autres souhaitent que vous soyez. Des couples très solides peuvent ainsi se former sur ces forces contradictoires. Les ressorts profonds qui nous animent se révèlent d'une extrême puissance quand ils s'expriment et ne sont pas refoulés.

Accepter ce que l'on est, tel est la clé de l'épanouissement et du bonheur. Ne pas exprimer son caractère, c'est
au contraire ouvrir la voie aux états dépressifs, anxieux, et
sombrer dans un mal-être profond. Vous avez remarqué la
vitalité des enfants, qui ne se fatiguent jamais ou rarement,
et disposent d'un dynamisme inépuisable. Pour que cette sève
continue de vous nourrir avec l'âge, il ne faut pas bloquer
ce courant. S'il n'existe pas de décalage entre votre vie et
ce que vous êtes, votre force vitale ne s'épuisera pas inutilement en essayant d'endosser un rôle qui ne vous ressemble
pas. Vous cesserez d'être trop souvent absent de vous-même
pour vivre avec intensité le moment présent. Pour éviter
d'être malheureux, enfin, identifiez-vous le moins possible
aux autres. La comparaison génère souvent de l'envie et
un sentiment de privation. Sinon, prenez des modèles qui
ne vous rendent pas jaloux, tels que la reine d'Angleterre,
tellement éloignée de notre quotidien que nous pouvons difficilement nous identifier à elle. Même si elle possède des
châteaux et vit une existence de souveraine, elle n'inspire
pas de convoitise réelle. Pensez donc aux personnes que vous
enviez comme s'ils vivaient sur d'autres planètes.

Faites le maximum pour préserver votre liberté tout au long
de votre vie. Ne soyez pas prisonnier de l'image que vous vous
êtes construite car elle peut vous enfermer dans une posture
qui n'est pas la vôtre. Vous serez obligé de rester « comme
avant » alors que vous êtes devenu autre. N'hésitez jamais à
casser les routines afin de retrouver le goût intense des plaisirs
et des découvertes. Optez pour la lenteur chaque fois que c'est
possible, dans un monde où tout s'accélère. Préférez ouvrir un
livre plutôt que de regarder une série télévisée. Créez-vous
un espace où vous prenez le temps d'observer la beauté du
monde. En allant trop vite, vous passez à côté de l'essentiel.

Une autre règle fondamentale est de ne pas gaspiller son énergie pour des choses superflues. Ne médisez pas des autres, sous peine d'effets boomerang pénibles à gérer. Ignorez-les plutôt dans le silence. Et si des personnes vous agressent verbalement, faites comme si elles n'existaient pas. L'indifférence est la plus redoutable des attaques et ne vous usera point. Évitez enfin d'utiliser des anesthésiants quand vous vous sentez stressé, anxieux ou mal dans votre peau, quels qu'ils soient (tabac, alcool en excès, drogues, aliments gras et sucrés, pilules pour dormir). S'ils soulagent sur le coup, les effets secondaires sont nettement moins positifs. De plus, la dose nécessaire devra continuellement être augmentée au prochain coup dur. Les palliatifs artificiels abîment chaque jour davantage et renvoient une mauvaise image de soi. Ils vous rendent passif, comme si les centres de la spontanéité et du bonheur dans le cerveau étaient à leur tour anesthésiés.

Pour être heureux, il faut d'une manière générale se fixer des objectifs qui dépendent de soi et non de raisons extérieures indépendantes de notre volonté. Attendre toute une vie de gagner à l'Euromillion, c'est espérer une chance sur 140 millions. Nous sommes au-delà de l'infime !

• Apprendre à pardonner

Enfant, vous avez sûrement connu des épisodes où vous détestiez votre maman, puni et en colère contre elle. Jusqu'à penser parfois : « Elle n'est pas ma vraie maman », « J'ai peut-être été adopté sans le savoir ». Puis vous vous pardonniez mutuellement et tout recommençait comme avant. À l'adolescence et à l'âge adulte, il arrive que votre regard se mette à changer du tout au tout. Vous prenez de la distance, pointez du doigt tout ce qui n'a pas bien fonctionné entre votre mère et vous : les maladresses, les erreurs, les incompréhensions, tout remonte à la surface. Il ne vous reste à l'esprit que les côtés négatifs ; tout ce qui faisait la magie de l'enfance a disparu. Certains se fâchent, s'éloignent ou s'obligent à être présents uniquement les jours de fête, pour ne pas culpabiliser.

Quoi que vous ayez à reprocher à votre mère, il ne faut pas vous concentrer uniquement sur les points négatifs de votre relation, au risque de vous faire du mal. Tout au long de votre vie, vous prendrez appui sur des sables mouvants. Vous serez même parfois contraint de reproduire ces états de manque ou de frustration avec votre partenaire. À l'inverse, cherchez dans vos souvenirs ce qu'il y a eu de meilleur entre votre mère et vous. Même si cela ne représente qu'un pour cent de votre histoire avec elle, ne pensez plus qu'à ce petit pourcentage pour établir votre centre de gravité. Ces pensées originelles positives vous rendront fort et serein. Vous entretiendrez avec les autres des relations apaisées, en sachant vos priorités. Ce qui compte, ce n'est pas tant d'avoir tort ou raison. Le bonheur ne dépend pas de la raison, mais de l'imagination. En concentrant votre énergie mentale sur ce petit rayon de soleil émanant de votre enfance, vous ressentirez un bien-être authentique. Apprenez à pardonner pour vous dépasser et ne restez pas sur des non-dits ou des rancœurs. Il faut parfois abandonner une petite part de soi-même pour ne pas perdre l'autre. L'énergie mobilisée pour refuser cet amour maternel vous coûte trop cher. Lutter contre des émotions négatives vous épuisera inutilement, jour après jour. Or, nous ne disposons pas d'une énergie infinie, il faut donc savoir la préserver pour ce qui en vaut la peine. Quel que soit le passé, pensez à votre maman avec l'indulgence que vous auriez à l'égard de votre propre enfant, même s'il a fait des bêtises. Réconciliez-vous avec votre mère, même si elle n'est plus là. En faisant la paix avec elle, vous la ferez avec vous-même. Vous avez caché en vous des blessures secrètes dont vous rendez votre mère responsable. Tant que vous ne lui aurez pas pardonné, elles ne cicatriseront pas et vous fragiliseront. Les mamans certes peuvent avoir des défauts ; la perfection n'existe pas dans ce monde. Mais si une maman sait tout pardonner, vous devez faire de même en retour.

Pendant neuf mois, vous avez été directement relié à votre mère par le cordon ombilical. À la naissance et pendant votre enfance, le lien puissant vous unissant à elle s'est renforcé. En grandissant par la suite, il faut à la fois mainte-nir cette connexion et s'en séparer. C'est là tout le paradoxe. Chacun fait des pas pour s'éloigner de l'autre, parfois avec la maladresse de l'adolescent rebelle ou celle d'une mère montrant sans ménagement la voie de l'indépendance. Ces petites rup-tures sont nécessaires, et ce dès le début. Certains chercheurs en effet ont découvert que les mères habituées à dormir avec leur nourrisson ou à placer le berceau trop près de leur lit présentent des épisodes dépressifs du fait de la qualité du som-meil perturbé. Il faut prendre de la distance et réinterpréter ces petites séparations comme faisant partie intégrante de l'amour maternel et filial. Avec ce nouveau regard, vous irez dans le sens de la réconciliation.

• Dire merci

Ces cinq lettres sont le sésame du bien-être. Être reconnais-sant, c'est faire à chaque fois un cadeau à sa santé. Attention, il ne s'agit pas de s'acquitter d'un merci comme d'une contrainte ou d'une obligation, mais de lui donner du sens. Vous devez regarder la personne droit dans les yeux et prononcer ce mot afin d'exprimer votre gratitude. Croire à ce que l'on dit et dire ce que l'on croit, c'est la formule magique !

Pour bien dormir

Une équipe de scientifiques britanniques a réalisé une étude sur des étudiants soumis au stress des examens. Ceux étant reconnaissants, dans une démarche de gratitude, se montraient moins stressés et dormaient également beaucoup mieux la nuit.

Pour voir la vie en rose

L'approche de scientifiques américains étudiant des sujets fortement dépressifs à tendance suicidaire s'est révélée très originale. Les conclusions étaient unanimes : la gratitude donnait plus de sens à la vie des patients et baissait les risques de suicide. Se sentir obligé envers la vie et ceux qui nous entourent agit comme un médicament. Dans le même esprit, une autre étude réalisée en Irlande sur l'acte de gratitude a montré que celui-ci diminuait de 27 % l'état dépressif chez des sujets malades. La gratitude est une émotion sociale. C'est affirmer qu'il y a de la bonté et de bonnes choses dans notre monde, même s'il n'est pas parfait. C'est remercier ce que la vie nous a donné de meilleur. En pointant les projecteurs sur le positif, nous laissons dans l'ombre et l'oubli les éléments négatifs, comme l'envie et la jalousie.

Le paradoxe du professeur

Souvenez-vous de l'un de vos enseignants d'école, de collège ou de lycée. Deux façons principales d'y penser s'imposent. Soit vous soulignez les contraintes qui étaient imposées, les devoirs, les notes... Soit vous lui dites aujourd'hui merci pour ce qu'il vous a apporté. Les ressentis diffèrent : en le remerciant, vous ne retenez que le meilleur et donnez du sens aux situations vécues. Vous vous dites que vous avez obtenu plus que ce que vous méritiez. Dans d'autres cas, la vie peut vous apporter des cadeaux que vous ne remarquez même pas. Vous passez à côté de belles choses sans y prêter attention.

Mon conseil : chaque soir avant de vous endormir, prononcez trois « mercis » pour les bonnes choses survenues dans la journée, que ce soit un simple regard bienveillant échangé avec une personne inconnue, un rayon de soleil ayant traversé votre chambre le matin même, ou le goût d'un nouveau thé. En vous endormant avec ces éléments positifs à l'esprit, vous bénéficierez d'un sommeil réparateur et serein. Tous les jours, faites-vous la promesse de remercier avec sincérité une personne différente de votre entourage. Si votre interlocuteur n'est pas en face de vous, téléphonez-lui ou envoyez-lui un SMS. Vous lui ferez du bien par votre gentillesse, et vous rayonnerez de bonheur.

• DIRE UN VRAI BONJOUR EN SOURIANT

Quand vous étiez enfant, vous n'aviez pas forcément envie de dire bonjour, de sourire ou qu'un inconnu vous fasse la bise. La qualité de votre bonjour, parfois à la limite de l'inaudible, laissait à désirer. Les scientifiques du CNRS viennent de faire une découverte intéressante : la façon dont le mot « bonjour » est prononcé donne beaucoup d'informations à votre interlocuteur. Selon la mélodie, vous pouvez sembler dominant ou non, crédible ou versatile, hostile ou amical. C'est une partition mentale qui se joue malgré vous. Si vous avez l'intention de paraître déterminé, le mot doit être articulé avec une hauteur descendante, en affichant un ton plus marqué sur la deuxième syllabe. À l'inverse, si vous voulez être digne de confiance, la hauteur doit monter rapidement à la fin du mot. Adresser de même un sourire à une personne que vous ne connaissez pas s'avère essentiel. Vous transmettez des ondes bénéfiques qui lui donneront ensuite envie de revenir vers vous. Même si vous vous forcez un peu, vous vous faites tout de même beaucoup de bien : le stress et l'anxiété diminuent, des endorphines sont libérées et le rythme cardiaque ralentit. En fin de compte, en souriant, vous resterez jeune plus longtemps. Les études scientifiques le prouvent : ceux qui sourient beaucoup font de vieux os. Les muscles du visage mobilisés ont un effet tenseur qui lutte contre le relâchement de la face. De plus, une étude américaine a montré que les étudiants gais réussissaient mieux.

• Votre « happy hour » :
profitez des moments de solitude

De nombreux bars proposent des « *happy hours* », entendez par là des verres d'alcool à moitié prix avant l'heure d'affluence. Je vous propose de reprendre à votre sauce cette pratique du « *happy hour* », autrement et sans alcool, comme un temps pour être content et heureux. Pour votre santé et votre équilibre, il est en effet vital de vous préserver une heure quotidienne rien que pour vous. C'est aussi important que de dormir. Réfléchissez à ce qui vous rend joyeux et reproduisez-le (jouer avec un enfant, un chat, lire des histoires drôles, faire du shopping, rencontrer des amis… la liste est longue). Pour que cela fonctionne, ne vous fixez aucune contrainte, votre plaisir seul doit vous guider dans vos choix. Le fait de penser à ce qui fait réellement du bien vous apportera déjà beaucoup. Pendant cet espace de liberté, vous stimulerez votre créativité et votre imagination.

• La générosité procure du bien-être

Le partage fait du bien. L'avarice à l'inverse diminue le bonheur et la joie de vivre. Pas étonnant qu'elle soit classée dans les sept péchés capitaux ! Des scientifiques ont décidé d'étudier les traits caractéristiques et les effets de l'avarice sur la santé et le bien-être. Vous avez sans doute des avares dans votre entourage, facilement repérables. Certains, sous des prétextes écologiques, grapillent pour tout quand d'autres courent faire pipi au moment de payer l'addition au restaurant. Le problème, c'est que l'avarice pécuniaire conduit à une avarice des sentiments : absence de curiosité et d'imagination, peur de manquer. Leur plaisir devient uniquement lié à l'argent. Des chercheurs en neurosciences ont noté d'autres caractéristiques propres aux avares : la constipation, comme s'ils voulaient garder « leur caca », une « avarice cognitive », autrement dit une activation d'une zone du cerveau inhibant la possibilité de ressentir des émotions pour les autres. Les avares enfin n'arrivent pas à dépenser pour autrui, car ils ont l'impression de céder une partie d'eux-mêmes. La radinerie n'a rien à voir avec la richesse. On peut être riche et pingre, pauvre et généreux. « Quand on aime, on ne compte pas » : ce proverbe résume parfaitement la difficulté des avares d'aimer. Bien sûr, les Harpagons ne reconnaissent jamais leur avarice. Ils se disent économes et se cachent derrière des prétextes comme le fameux : « Je dois penser à mes enfants. » J'aime beaucoup le mot populaire servant à désigner les avares au Canada : les « gratteux ». Ne les laissez pas gratter ce que vous avez de meilleur. Savoir donner sans rien attendre en retour, c'est aussi faire preuve de lâcher-prise et une manière d'évacuer son stress.

• SAVOIR OFFRIR

Il y a le moment magique de l'enfance où le père Noël apporte les cadeaux au pied du sapin. Pour les petits, c'est le plaisir absolu, sans personne à remercier ; pour les parents, c'est le don pur, sans attendre quoi que ce soit en retour. Plus tard, le cadeau revêt un sens différent. Il y a celui qui donne et celui qui reçoit. Les enjeux ne sont plus les mêmes. Le cadeau devient un échange, un dialogue. Certains peuvent donner pour se faire aimer ou pour exercer une forme de pouvoir sur l'autre. Parfois, le cadeau fait même ressortir des sentiments enfouis : « Je ne vais tout de même pas mettre ce prix-là pour lui », « En offrant ce cadeau, je vais me démarquer des autres », « Si je lui offre un cadeau onéreux, elle m'aimera plus », « Je l'ai déjà, il ne me regarde pas »… Intéressez-vous à ce que vous offrez à autrui pour décrypter votre vraie relation. Un cadeau est destiné à faire plaisir à celui qui le reçoit même si souvent l'objectif n'est pas atteint. Des scientifiques ont découvert qu'offrir un présent en tenant compte des goûts du destinataire se révèle en fait une mauvaise idée. Il faut plutôt choisir des cadeaux qui font personnellement plaisir à celui qui achète. De telle sorte, on offre à l'autre sans pudeur ses propres goûts et sentiments, ce qui rapproche émotionnellement. Dans cet ordre d'idées, les chercheurs ont noté que les personnes qui donnaient une carte de vœux pour la fête de leur mère en l'ayant choisie par rapport à leurs propres goûts se sentaient beaucoup plus proches d'elle que s'ils avaient tenu compte de ses préférences. Mon bonheur secret, si vous aimez ce livre, serait que vous l'offriez ensuite à votre maman, comme un geste d'amour.

Mieux qu'un cadeau pour votre maman

Si vous voulez faire vraiment plaisir à votre mère, demandez-lui qu'elle vous rappelle ses bons conseils : une recette de cuisine, une astuce de ménage ou de jardinage, un remède contre le rhume, des recommandations pour l'éducation de vos enfants… Interrogez-la sur des situations que vous vivez et des problèmes que vous rencontrez. Vous donnerez du sens à ce qu'elle vous a transmis en le valorisant.

• DÉCOUVREZ LE CALME INTÉRIEUR

Se tourner avec bienveillance vers les autres leur fait du bien et à vous aussi. Mais cela ne suffit pas. Vous pouvez être là et absent en même temps, lorsque vous pensez par exemple à vos tâches de la veille ou du lendemain. Dans ce cas, il vaut mieux s'éclipser plutôt que faire acte de présence. Vous n'apporterez que de la solitude à ceux qui vous entourent. Consulter son téléphone portable face à votre interlocuteur est une des manifestations courantes de ces absences. En étant attentif et à l'écoute de l'autre, vous ressentirez tous deux une énergie positive et un grand calme intérieur. Vous ne perdrez pas d'énergie à gesticuler pour exister et vous faire remarquer. Des scientifiques suisses ont cherché à comprendre ce qui se passait dans le cerveau de personnes égoïstes, en leur faisant passer des IRM. Il s'est avéré que la zone cérébrale correspondant aux pensées tournées vers l'avenir était, chez eux, très peu sollicitée. Ils ne vivaient que dans le moment présent. Par exemple, les égoïstes se montrent incapables de se projeter dans l'avenir écologique de la planète, ne se sentant point concernés. À l'inverse, les sujets altruistes et bienveillants envers la planète présentaient une zone très stimulée correspondant à l'anticipation du futur.

• CESSEZ DE MENTIR

Au cours de votre enfance, on vous a souvent demandé de ne pas mentir. Une fois adulte, vous avez pourtant souvent dû composer avec la réalité, et enfreindre cette règle pour ne pas froisser les autres, pour rester dans le « politiquement correct ». Quand vous racontiez tout à votre maman, vous vous sentiez ensuite léger et absous des petits péchés commis. Une oreille bienveillante vous écoutait et vous pardonnait en même temps. Vous n'étiez pas obligé de tout garder pour vous. Il est important de pouvoir parler à une personne de confiance de ce que l'on a sur le cœur, de ses doutes et de ses espoirs, sans être jugé, quel que soit l'âge. Cela permet d'avoir un autre regard sur soi, en prenant toute la distance nécessaire. La confession auprès d'un prêtre est devenue rare. Des chercheurs ont d'ailleurs noté que les fidèles étaient plus généreux après une confession qu'avant. Comme quoi, pouvoir parler et sortir de son enfermement libère l'amour que chacun porte en lui. Les sujets qui se confient à un psychanalyste sont loin d'être légion : appréhension, faute de moyens, préjugés… Pour être en bonne santé, il faut pouvoir échanger avec une personne en qui vous croyez. Dans le mot maladie, il y a « mal à dire ». Ce que vous ne pouvez exprimer oralement se manifeste autrement par le langage du corps. La maladie est comme un cri nocturne, un signal de détresse que l'entourage ne voit pas, pas plus que celui qui en est victime. Trouvez autour de vous l'ami, la sœur, le frère, parfois le psychologue qui pourra vous écouter et vous aider à retrouver vos vraies valeurs quand vous vivez des situations qui ne vous correspondent plus. Ce confident sera votre jardin secret ; il vous permettra de mieux respirer et de vous libérer de votre stress et de vos angoisses. Il faut bien choisir cet interlocuteur en évitant *a contrario* les personnes qui vous vampirisent à votre insu en vous volant votre énergie vitale. Vous les reconnaîtrez facilement : elles se posent en victimes et ne vous écoutent pas.

• NE VOUS FAITES PAS DE MAUVAIS SANG

Les idées noires que l'on rumine produisent un état constant de stress et d'anxiété. Aujourd'hui, nous savons mesurer les dégâts de ces pensées nocives. Avec une prise de sang, on constate que l'hormone du stress, le cortisol, augmente. « Se faire du mauvais sang » prend alors tout son sens. Or, quand le cortisol est sécrété en excès, le système immunitaire est mis en veilleuse. Nous devenons plus vulnérables aux infections. L'impact est visible à la simple analyse d'un cheveu, d'où la pertinence de l'expression « se faire des cheveux blancs ». Les répercussions sont nombreuses et peuvent conditionner l'espérance de vie en bonne santé. Les télomères, petits manchons qui se trouvent au bout des chromosomes de nos cellules et qui se mesurent dans le sang, n'indiquent pas l'âge de notre état civil, mais notre âge biologique. Plus ils sont longs, plus nous vivrons longtemps et vaillants. Et le facteur qui les raccourcit le plus, c'est justement le stress. Chacune de nos cellules va s'user prématurément et accélérer le vieillissement et la survenue des maladies liées à l'âge. Le stress généré par des pensées négatives nous fait vieillir trop vite, en endommageant l'équilibre énergétique de notre corps. De plus, cette sécrétion excessive d'hormones provoque des messages puissants de faim, conduisant à des grignotages compulsifs. La résistance à l'insuline diminue aussi, favorisant le diabète. Quant à la pression artérielle et la fréquence cardiaque, elles augmentent et contribuent à user plus vite notre cœur. Ce n'est pas exactement le stress qui est responsable de ces phénomènes, mais notre réaction au stress. Pour rester en bonne santé, il est vital de travailler sur nos réactions excessives face à des situations négatives et d'arrêter de ressasser. Si nous tournons dans notre tête des problèmes sans solution, nous nous faisons un peu plus de mal à chaque tour de piste. Albert Einstein disait : « Restez à l'écart des personnes négatives, elles ont des problèmes pour chaque solution. » Il est essentiel de vivre entouré de personnes qui diffusent des énergies positives et de fuir les autres. Après une rencontre, concentrez-vous pour

analyser ce que vous ressentez. Parfois, vous avez la sensation d'être plus fort, plus vivant, prêt à tenter l'impossible, à
repousser vos limites. Dans d'autres cas, certains sujets vous
font glisser vers ce que vous avez de pire en vous. Vous êtes
vidé de votre énergie, qu'ils ont pompée sans vergogne.

ENTRETENEZ VOTRE COCON

Un peu de douceur dans un monde de brutes

Quand vous reveniez après une longue marche, exténué, votre maman vous préparait peut-êtrc un bain de pieds chaud avec du gros sel. Vous buviez une boisson chaude, un verre de lait ou une tisane... Dans les régions d'Asie comme la Malaisie ou Bali, avant de vous faire un massage, l'esthéticienne vous propose un bain de pieds chaud avec des huiles essentielles. Une fois les pieds réchauffés, elle en profite pour en masser doucement la plante, en vous proposant souvent une infusion. Vous serez surpris de constater qu'en seulement dix minutes, vous êtes déjà relaxé. Votre stress et vos tensions diminuent. La sensation de fatigue s'estompe, liée à la fois au bain de pieds et au fait de bien s'hydrater en même temps.

Le bain de pieds chaud présente de nombreuses vertus. Telle est la démonstration du Pr Yang qui s'est attaché à évaluer les symptômes de fatigue et d'insomnie chez des patientes sous chimiothérapie pour cancer gynécologique. Ces bains étaient pris par des femmes à une température de 42 °C durant vingt minutes. Résultat : ce groupe ressentait objectivement moins de fatigue et bénéficiait d'un bien meilleur sommeil. Dans un autre domaine, le Pr Hu a montré que les bains de pieds chauds contribuaient aussi à diminuer la rigidité des vaisseaux en augmentant la souplesse des artères. Le même professeur enfin a testé cette pratique auprès de 120 femmes lors de l'accouchement. Les scores d'anxiété enregistrés se sont révélés meilleurs dans les groupes « bain de pieds » par rapport aux autres. Il a ensuite créé un groupe « bain de pieds » avec ou sans essence de rose. En ajoutant de l'essence de fleurs de roses dans l'eau chaude, l'effet était encore plus marqué. Pour ressentir les effets de ce soin, il faut prévoir une température de 40 °C et une durée allant de dix à vingt minutes. Pensez à rajouter régulièrement de l'eau chaude pour maintenir la bonne température.

Reproduisez la bulle de protection que vous aviez dans l'utérus maternel

Vous avez passé neuf mois dans l'utérus maternel, bien au chaud, nourri et logé confortablement à l'abri du monde extérieur. La sensation douce et harmonieuse vous permettait de bien grandir. Nous savons que pendant la grossesse, les mamans doivent absolument arrêter le tabac et l'alcool, car ils perturbent la croissance et la santé du fœtus. Plus récemment, des études scientifiques ont mis l'accent sur les dangers de l'exposition à certains polluants pendant cette période, susceptibles de compromettre la santé du futur adulte. Il est également recommandé aux futures mamans de prendre le moins de médicaments possible, sauf quand le médecin les a prescrits, de même qu'il est conseillé de limiter toute exposition aux agents polluants et de bien lire les étiquettes des produits d'entretien, de cosmétiques, d'hygiène. Si vous pesez 60 kg, un toxique n'aura en revanche pas le même effet que sur un fœtus d'un kilo.

Si vous avez besoin de lâcher prise, reproduisez l'univers de l'utérus maternel. Faites-vous couler un bain chaud, mettez un masque d'avion occultant sur vos yeux pour reproduire l'obscurité, obtenez le silence dans la salle de bains et laissez-vous aller. Essayez de vous souvenir du savon ou de l'eau de toilette utilisé par votre maman à votre naissance et si vous connaissez le nom des produits, achetez-les à nouveau pour vous laver ou pour parfumer la salle de bains. À l'instar dc Proust et sa madeleine, vous pourrez plonger aux origines de votre vie grâce à une simple odeur.

• LA PUISSANCE DES CÂLINS

Quand votre maman vous prenait dans ses bras, vous serrait contre elle, plus rien ne pouvait vous arriver. Vous étiez dans une forteresse, protégé de toute agression. Symboliquement, vous retourniez pendant un court instant dans l'utérus maternel. Ces moments de réconfort sont vitaux. Nombreuses sont les études scientifiques à avoir démontré les effets bénéfiques surprenants d'une simple accolade entre deux personnes. Des hormones antistress sont libérées, l'immunité est meilleure et la pression artérielle plus basse. Dans votre couple, avec les membres de votre famille ou des amis, n'hésitez pas à vous serrer dans les bras. Pensez à vous faire masser de temps en temps pour redécouvrir la sensation de détente et de relaxation. Apprendre à se masser au sein d'un couple est un moyen merveilleux de communication non verbale.

• PRENDRE ET SAVOURER LE TEMPS

Le smartphone, objet du quotidien, nous empoisonne la vie et nous prive de nombreux moments. De récents sondages montrent que les jeunes adultes passent en moyenne cinq heures par jour à se servir de leur smartphone et le manipulent environ 85 fois en une journée. C'est un phénomène sans précédent. Certains préfèrent ainsi filmer un concert plutôt que de le ressentir, prendre des photos d'un paysage au lieu de le vivre dans toutes ses sensations, ses odeurs et ses bruits. Quand on en arrive à de telles extrémités, on est proche de l'addiction. Les images et les textes défilent sans même qu'ils soient interprétés. Nous devenons passifs. Les études mettent en évidence que ces pratiques intensives diminuent la créativité. Mais il existe un moyen pour reprendre la main sur ce petit objet chronophage. Allez dans les réglages et mettez l'écran en permanence en noir et blanc. Tous les modèles de smartphones offrent cette possibilité ; le mode d'emploi pour chacun se trouve sur Internet. L'effet est radical. Vous serez moins tenté par des achats impulsifs, car en noir et blanc, vous désamorcez les hameçons marketing et commerciaux. Les couleurs servent à accrocher votre attention et à dicter ce que vous devez faire. Des années d'études et de recherches y ont été consacrées afin de vous faire craquer ; des sommes astronomiques ont été investies pour connaître la couleur exacte à même de vous donner envie de cliquer sur chaque lien. En optant pour le noir et blanc, vous allez vous servir de votre smartphone pour l'essentiel uniquement et redécouvrir avec bonheur les êtres qui vous entourent, qui représentent la vraie vie en couleurs.

• L'EMPLOI DU TEMPS DU PLAISIR

Comment se faire vraiment plaisir et éviter la monotonie ? Instinctivement, nous pensons à ces réveillons et ces repas de famille organisés longtemps à l'avance où nous nous ennuyons beaucoup, à ces week-ends entre amis prévus de longue date où nous devons faire plein de choses et où nous nous retrouvons sans entrain, ou à cette Saint-Valentin où nous nous sentons obligés d'être sentimental... Des scientifiques donnent enfin les solutions pour développer une jouissance maximum lors de nos loisirs et moments de détente.

Les clés du plaisir

Vouloir planifier à tout prix des loisirs les rend bien moins réjouissants. Les heures fixes cassent le rythme de votre sponta-néité naturelle. Le plaisir devient et se vit comme une contrainte. Ne vous fixez pas une obligation professionnelle ou une corvée rebutante juste après un moment agréable. Inconsciemment, vous y penserez pendant et profiterez moins. Laissez les ressorts de votre liberté intérieure décider de vos moments de joie. On ne peut pas prendre rendez-vous pour rire sur commande de 17 à 18 heures. Laissez à l'imprévu une place dans votre vie. Désobéissez aux emplois du temps et cessez le temps d'une parenthèse d'être une grande personne. Placez votre jouissance et votre joie de vivre en priorité pour reprendre votre souffle chaque fois que nécessaire.

Regarder la télé ensemble : la mélodie du bonheur

Souvent, quand vous éteignez le poste avant d'aller vous coucher, vous ressentez une impression de vide, le sentiment

231

de n'avoir rien fait et d'avoir perdu votre temps. Beaucoup de personnes mentent à la question : « Regardez-vous souvent la télé ? » Elles affirment s'en passer le plus souvent, les programmes étant inintéressants, mais une fois à la maison, elles font tout le contraire. On reproche aussi au petit écran de pousser les enfants et les ados à la violence, en leur montrant de mauvais exemples. Partant de ce constat, des scientifiques d'une université américaine ont trouvé une solution pour rendre agréable le fait de regarder la télé. L'idée est simple : une fois l'émission ou le film terminé, parlez-en en famille. Même cinq minutes suffisent. Échanger, c'est faire circuler la vie entre les spectateurs. Critiquer la violence inutile et mettre en avant les bons sentiments permettent de transformer une soirée télé en quelque chose de constructif et de joyeux. Vous pouvez même aller plus loin. Postez vos impressions ou le résultat de votre conversation familiale sur un réseau social comme Facebook ou Twitter. Le fait d'écrire les choses les rend plus puissantes. Si vous êtes seul, ces réseaux vous permettront d'échanger sur ce que vous avez regardé, sous votre initiative.

• TENIR LES BONNES RÉSOLUTIONS POUR DE VRAI

Il n'y a rien de plus déprimant que de ne pas réussir à tenir les bonnes résolutions que l'on se fixe. On se sent mou, faible, sans envergure. On perd son estime de soi et l'entourage le ressent. Si vous ne croyez plus en vous, les autres ne vous feront plus confiance non plus. Vous rentrez dans le cercle vicieux de l'échec. Il vaut mieux ne jamais prendre de bonnes résolutions que d'échouer. Une étude réalisée sur 3 000 volontaires en Grande-Bretagne a montré que 12 % seulement des personnes se donnant un objectif personnel obtiennent un succès, quel que soit le domaine : perdre du poids, arrêter de fumer ou faire de l'exercice physique. Les travaux ont cependant révélé que les hommes et les femmes n'échouent pas pour les mêmes raisons. Les premiers, sans doute en raison d'un côté un peu « macho », se donnent davantage d'objectifs impossibles à tenir. Ils mettent la barre si haut qu'ils n'arrivent pas à l'atteindre. Les secondes quant à elles font moins de paris intenables et sont plus discrètes à leurs sujets. Elles se disent que si elles n'y parviennent pas, elles n'auront pas à se justifier auprès de leur entourage. En agissant de la sorte, les femmes se privent néanmoins du soutien de ce dernier. Les scientifiques ayant réalisé cette étude donnent aussi des conseils pratiques pour réussir. Premier point : on ne doit se fixer qu'un seul objectif à la fois pour mieux se concentrer dessus. Il doit être réalisable et il faut en parler à ses proches. Deuxième point : on mettra en place un système de récompense pour s'encourager à continuer. Offrez-vous par exemple une délicieuse pâtisserie à chaque kilo perdu, un massage dans un spa après chaque semaine de fitness quotidien... Troisième point : on ne se focalisera pas sur le chemin qui reste à parcourir, mais sur ce qui a déjà été fait. Les bonnes résolutions qui tiennent vraiment sont celles qui procurent du plaisir. Les endorphines libérées lors de l'exercice physique régulier, les « bravos » de vos proches pour votre silhouette plus mince, votre teint plus frais parce que vous ne fumez plus, sont autant de voies vers le bonheur.

• SI VOUS N'ÊTES PAS CONTENT, DITES-LE

Ne vous laissez pas dévorer de l'intérieur par des phrases « mortes » que vous ne pensez pas. Vous vous enterrerez dans des routines négatives. N'adoptez surtout pas un mode résigné avec des pensées du type « bon, c'est comme ça », « tant pis », ou encore « il faut bien ». Osez la rupture chaque fois que vous êtes persuadé de sa portée positive. C'est le prix de votre liberté, mais surtout de votre santé ! En étudiant 6 000 patients, des scientifiques allemands ont mis en évidence les liens entre des maladies comme l'hypertension artérielle, les risques d'infarctus du myocarde et certains cancers, et le fait de ne pas extérioriser ce qui ne va pas. Pour faire bonne figure et ne pas troubler l'ordre établi, beaucoup « ravalent » au lieu de dire ou de crier. Il faut dire tout ce que l'on a sur le cœur. Exprimez-vous, pleurez, mais ne vous laissez pas faire ! Selon des études, le fait d'extérioriser ses émotions augmente l'espérance de vie. Si vous n'avez personne à qui parler, profitez des réseaux sociaux et des forums pour communiquer, ils sont à la portée de tous. Chacun peut aujourd'hui créer son propre mouvement pour s'exprimer, comme s'il publiait son journal intime sur la Toile. Cette forme de liberté d'expression est unique et il ne faut pas hésiter à l'utiliser si vous le jugez nécessaire. Exprimer ce qui ne va pas, quel que soit le moyen, est essentiel pour l'harmonie intérieure.

• S'ÉPOUSER SOI-MÊME POUR S'AIMER SOI-MÊME

Beaucoup d'enfants souhaitent épouser leur maman. Elle représente la femme idéale, qui prodigue soins et amour tous les jours. Mais vous avez vite compris que ce mariage ne serait pas possible. Après cette cruelle déception, je vous propose une autre voie.

Comme premier mariage, décidez de vous marier avec vous-même

Cette pratique existe déjà au Japon, où l'on peut se marier avec soi-même. D'autres pays ont suivi, comme la Grande-Bretagne ou les États-Unis. Au Japon, la cérémonie s'organise de façon très classique : robe blanche, bouquets de fleurs, alliance, liste de mariage, invités, réception, pièce montée, photos, voyage de noces... Rien ne doit manquer. Les agences organisatrices fournissent une personnalité charismatique qui officie en reprenant les textes traditionnels. Décider de se marier de la sorte, c'est prendre un engagement fort avec soi-même. On célèbre ce que l'on est aujourd'hui et ce que l'on souhaite devenir demain. Se jurer fidélité à soi-même, c'est décréter qu'il n'y a pas de décalage entre ce que nous sommes au plus profond et ce qui se passe dans notre vie. Pour un mariage réussi, il faut commencer par s'accepter et exister de façon libre et indépendante. Or, quand on s'aime, on est capable de donner beaucoup d'amour autour de soi. Je pense qu'avant de sauter le pas de vivre en couple, il faudrait commencer par se marier avec soi-même, comme le fruit d'un parcours qui n'est pas si simple.

Dites-vous « oui »

Fermez les yeux et imaginez la cérémonie. Quel serait votre discours pour les invités ? Qu'est-ce qui vous définit et représente le sens de votre vie ? Vous n'êtes pas en train d'attendre de vous réaliser, d'exister ou d'être heureux grâce à une autre personne. Ce mariage symbolique équivaut à consacrer le meilleur de vous-même. Vous ne risquez plus de vous dissoudre dans des situations qui ne vous correspondent pas. Alors, après

avoir bien réfléchi à ce qui vous tient le plus à cœur, dites-vous
« oui » en vous jurant respect et assistance. Chaque année, fêtez
votre anniversaire de mariage en vous posant cette question :
« Ai-je été fidèle à moi-même et à mes idées ? » Vous serez
surpris de voir à quel point cette célébration sous forme de
bilan vous fera progresser. Vous donnerez une force à votre
vie qui ne dépendra pas de fausses résolutions ou de l'humeur
d'une autre personne. Vous aurez créé une ligne conductrice
d'énergie.

Libre comme un condor

*Le condor est un oiseau qui vit dans les Andes, en
Amérique du Sud. Il a notamment la capacité de jeûner
une à deux semaines s'il ne trouve pas de nourriture.
Avec une envergure de plus de 3 mètres, il réussit à
planer de façon majestueuse pendant des heures à des
hauteurs allant jusqu'à 5 000 mètres d'altitude sans
effectuer un seul mouvement. Sa durée de vie se situe
entre 50 et 70 ans. À l'inverse, le moineau est contraint
de toujours battre des ailes pour se maintenir en vol
et sa longévité n'est que de trois ans. Pour vivre en
toute sérénité et éviter de s'user prématurément, il
vaut donc mieux faire comme le condor ! Maîtrisez
votre trajectoire et maintenez le cap avec un minimum
d'énergie. Apprenez à gérer vos priorités et ne battez
pas inutilement des ailes.*

• POUR ÊTRE ZEN, PARLEZ DE VOUS
À LA TROISIÈME PERSONNE

Les médecins anglais viennent de découvrir que parler de soi à la troisième personne réduit de façon nette le stress et les émotions négatives. Selon les IRM pratiquées, les zones actives du cerveau qui « s'allumaient » en cas de stress se normalisaient dès que le sujet passait au mode « il ou elle » par la pensée. Ce résultat est facile à reproduire et vous pouvez essayer sans plus attendre. Parler de soi à la troisième personne crée une distance vis-à-vis de votre vécu. Vous vous placez comme une tierce personne qui vous observerait avec détachement. Vous relativisez les situations stressantes en les rendant rationnelles et maîtrisez mieux vos émotions. Ainsi, vous arrêtez de vous énerver contre vous-même, attitude nocive. Parler ainsi vous aide également à ne pas être touché par l'adversité. Vous résistez aux pressions car vous prenez le recul nécessaire et protecteur. Si vous réussissez en plus à analyser une situation agressive avec humour et autodérision, cela produit le même effet que si vous portiez un gilet pare-balles : même en cas d'impact, celui-ci sera amorti et vous cicatriserez très vite.

Parler de soi à la troisième personne revêt une autre dimension. Parfois, vous êtes obligé d'accomplir des actes avilissants, dégradants ou de perdre votre temps avec des individus toxiques. Dans ces cas, il est essentiel de conserver votre dignité pour ne jamais vous haïr. En prenant la hauteur nécessaire d'une tierce personne bienveillante, vous pourrez énoncer clairement pour quelles raisons vous n'avez pas le choix de ces situations. Vous resterez intact dans les pires moments. Votre image et l'estime que vous vous portez seront préservées.

• FAIRE LE VIDE POUR FAIRE LE PLEIN D'ÉNERGIE

Une des voies pour accéder au bonheur est de savoir faire le vide pour faire le plein d'énergie. Agir ainsi revient à savoir éliminer tout ce qui ne nous fait pas du bien et à éviter ceux qui pompent notre énergie, révélant les plus mauvaises parties de nous-mêmes. À l'inverse, vous connaissez des êtres qui vous donnent l'impression d'exister de façon plus forte, plus vraie. Ils vous aident à libérer votre énergie vitale, vos envies, votre joie de vivre. Ils gomment votre banalité et vous donnent de l'élan. Vous vous sentez rare et unique grâce au regard qu'ils portent sur vous.

Faire le tri dans vos relations

Pour vous aider à faire le tri dans vos relations, voici quelques règles. Si dans les heures qui suivent la rencontre, vous ressentez une grande fatigue, si vous vous précipitez par réflexe sur des aliments gras et sucrés, des cigarettes ou un verre d'alcool, le signal d'alarme doit s'allumer. Vous devez éviter de revoir ceux qui vous abîment à votre insu. Méfiez-vous des petites phrases qui se veulent gentilles, mais qui sont en réalité des poisons. Si quelqu'un vous dit « ma pauvre chérie », il y a fort à parier qu'il rêve que vous soyez pauvre, y compris de votre force vitale. Je pense aussi à ces personnes qui, sous prétexte de bons conseils, vous dénigrent inlassablement, ou à celles qui vous flattent sans raison pour obtenir quelque chose. Partagez des moments avec des proches synonymes de sources vives d'énergie.

Parfois, les activités que vous faites avec vos amis vous semblent superflues. Pensez alors à cette phrase de Diderot : « Sans un immense superflu, chaque condition se croit misérable. »

• PARTEZ À LA RECHERCHE DE LA JOIE INTÉRIEURE

Imaginez-vous nu sur une plage déserte. Respirez calmement et inspirez l'air marin comme un flux positif qui vous purifie. Expirez ce qui vous semble négatif. Vous êtes à la fois le maître et l'élève. Écoutez le silence. Vous allez découvrir des parties de vous-même jusque-là inconnues. Rapprochez-vous doucement de l'essentiel. Si vous découvrez votre joie intérieure, vous gagnerez plusieurs niveaux d'énergie pour vous dépasser. Choisissez en pleine conscience ce qui se rapproche de vos passions, ce qui vous rend heureux. Il vaut mieux réaliser de petites choses qui ont un sens profond que de suivre des voies grandioses dénuées de sens. Prenez un plaisir simple à ce que vous faites. Ne tuez jamais vos rêves. Quand votre objectif est défini, foncez, sans tenir compte de l'opinion des autres. Pour faire une comparaison, imaginez Molière demandant pour chaque acte de ses pièces l'avis des spectateurs sur la suite qu'il devrait leur donner. De cette façon, en voulant faire plaisir, il n'aurait jamais réussi à devenir un grand dramaturge. Ne vous pensez pas comme une série de compartiments séparés les uns des autres. Décloisonnez et osez. Vous êtes un tout, ne vous morcelez pas, vous perdriez trop d'énergie pour rien. Continuez à avancer. Dans ce monde qui bouge sans cesse, dès que l'on reste à l'arrêt, on se retrouve en réalité à reculer. Pour être heureux, il faut sans cesse progresser. Cela paraît plus difficile dans les périodes fastes, où l'on a tendance à se figer pour que rien ne change. Mais dans l'immobilité, nous risquons de nous désintégrer. Pour filer la métaphore, imaginez une pièce vide qui serait votre vie. Réfléchissez : qu'est-ce qui est inutile ou qui ne vous fait pas de bien ? Qu'est-ce qui vous vient en priorité ? Isolez-vous dans un espace clos. Coupez votre téléphone portable et cherchez chaque jour pendant dix minutes ce qui peut être éliminé ou valorisé dans votre vie. Votre existence doit correspondre à un avènement de vous-même.

• Subir, c'est s'abîmer et vieillir trop vite

Le stress abîme et empêche d'être heureux. Des travaux scientifiques récents viennent de montrer des liens surprenants entre le stress et la pression artérielle. D'après les résultats, les ouvriers et les chômeurs présentaient une pression artérielle plus élevée face au stress que les professions libérales et les catégories socioprofessionnelles privilégiées. Ils ont également relevé que le stress professionnel – parfois désiré et souvent accepté – de ses dernières avait un effet inverse, en provoquant une baisse de la pression artérielle. Les personnes appartenant à des catégories privilégiées semblent en effet plus conscientes d'être soumises au stress. Or, certains travaux suggèrent qu'une meilleure conscience de nos émotions favorise la régulation de la pression artérielle. Les sujets se trouvant dans des fonctions peu valorisées ou au chômage sont quant à eux plus réactifs au stress, peut-être du fait de la précarité de leur situation, qui les rend plus fragiles.

Le stress correspond à une réaction d'adaptation face à un danger en offrant deux solutions : le combat ou la fuite. Si aucune de ces solutions n'est possible, l'immobilisme génère de l'angoisse. Les hormones du stress, comme le cortisol et l'adrénaline, sont produites pour pouvoir réagir au mieux à ces situations, mais si le stress n'est pas libéré, elles vont au contraire nous ronger de l'intérieur au lieu de nous protéger. Pour être heureux, il est donc indispensable de tout faire pour ne pas subir les états anxiogènes qui nous menacent. Lorsque vous êtes face à un événement qui vous tend (difficultés professionnelles, problèmes relationnels…), il faut soit l'affronter, soit passer à autre chose sans regrets. Mais ne restez pas sans rien faire, au risque de vous laisser dépasser. Ces situations, pour tenir le coup, aboutissent à des actes de compensation : excès alimentaire ou d'alcool, tabac, drogue, jeu… Nous réunissons là alors toutes les conditions pour déclencher des maladies destructrices. Prendre conscience de ces situations, c'est apprendre à les gérer pour devenir libre.

• VOTRE VULNÉRABILITÉ C'EST VOTRE FORCE

Le nourrisson comme l'enfant sont fragiles. C'est pour cette raison que l'instinct premier d'une mère est de les protéger. L'enfant, dans sa vulnérabilité, ose tout sans complexes. Il n'y a pas de différence entre ce qu'il est et ce qu'il exprime. Les petits ne cherchent pas à contrôler ou à prévoir, ils avancent librement. Par la suite, l'éducation pousse à l'inverse. On enferme l'adolescent et l'adulte dans un univers où il n'a pas le droit d'échouer. Par peur de l'échec, beaucoup ne tentent jamais rien et n'évoluent point. Je vous conseille d'accepter avec sérénité votre vulnérabilité, celle qu'instinctivement vous voulez cacher. Décidez qu'elle représente ce qui vous définit, dans votre authenticité et votre puissance originelle. Prenons l'exemple d'un jeune poussé par ses parents à devenir ingénieur alors qu'il est sensible à la danse classique et à la musique. Au lieu de devenir un potentiel danseur étoile, il sera un ingénieur

241

insipide et sans passion. Assumer sa part de vulnérabilité, c'est refuser d'être un imposteur qui joue des rôles pour faire plaisir aux autres. En suivant ce chemin, vous vous lancerez dans des relations amoureuses ou professionnelles qui risqueront peut-être d'échouer, mais qui pourraient aussi vous emmener vers des sommets. Soyez le premier à dire « je t'aime », même si cela ne donne rien et génère ensuite un léger sentiment de honte.

Devenez un vase chinois ancien fissuré

Ne vous laissez pas alourdir par ce que vous estimez être un handicap. Si vous avez un accent français très marqué en parlant anglais, n'ayez aucun complexe. C'est une force. Un sondage récent a montré que pour les Américains, l'accent français est jugé le plus sexy du monde. Si vous avez des blessures morales qui viennent de votre passé, procédez comme dans la Chine ancienne : lorsqu'un objet en porcelaine était fissuré, les artisans ne cherchaient pas à dissimuler maladroitement le défaut. Au contraire, ils le mettaient en valeur. Pour cela, ils réparaient les vases avec de l'or, ce qui leur conférait encore plus de valeur. Vos blessures peuvent devenir vos forces. Offrez-vous un cadeau merveilleux en vous donnant le luxe d'être vous-même.

À LA DÉCOUVERTE DU BONHEUR

• LES CELLULES DE VOTRE CORPS INTERAGISSENT AVEC VOS PENSÉES

Notre bonheur ou notre tristesse se lisent jusque dans chacune de nos cellules et conditionnent notre espérance de vie. Pour être en bonne santé, il est essentiel que notre renouvellement cellulaire fonctionne à la manière d'une horloge bien réglée. Chaque seconde, nous produisons 20 millions de cellules pour remplacer celles usées ou mortes. Les erreurs de copies sont à l'origine de nombreuses maladies comme les cancers. La sérénité, la joie et le bonheur sont des éléments essentiels pour une bonne santé. Alors, comment y accéder ?

Les animaux sont-ils heureux ?

Les animaux savent se contenter de ce qu'ils ont. En liberté, ils ne demandent rien, alors ils ont tout. L'un des critères essentiels du bonheur, c'est de vivre pleinement le moment présent. En jouant avec un chat ou un chien, j'ai toujours senti qu'ils étaient entièrement avec moi. J'ai la même impression face à de jeunes enfants qui rient aux éclats sans penser à rien d'autre. Nous devons apprendre d'eux cette règle essentielle. Trop d'adultes vivent en pilotage automatique, en songeant sans cesse à ce qu'ils ont fait ou à ce qu'ils doivent faire. Résultat, ils sont absents vis-à-vis des autres et d'eux-mêmes. Même les sensations agréables passent inaperçues à cause d'un manque complet de disponibilité d'esprit.

La biologie du bonheur

Je travaille depuis plusieurs années pour décrypter le secret du rat-taupe nu. Il s'agit d'une petite souris vivant trente ans en bonne santé au lieu de trois ans pour une souris « standard ». Il ne développe pas de cancers, de maladies neurodégénératives ou cardiovasculaires. Surtout, il ne vieillit pas au cours de sa vie. La surprise, c'est qu'à la naissance et par la suite, il demeure complètement oxydé. Quand on dit d'un objet ou d'une personne qu'il est oxydé, cela signifie qu'il est « rouillé ». Pourtant, le rat-taupe nu vit avec cette oxydation très forte sans développer la moindre pathologie. Il ne lutte pas contre, il cohabite avec. C'est comme si elle lui procurait un stress positif pour renforcer ses défenses naturelles. Prenons un autre exemple : notre peau et nos intestins sont peuplés de bactéries avec lesquelles nous vivons. Vouloir les éliminer provoquerait de nombreuses maladies. Nous dépenserions de grands moyens qui se retourneraient contre nous. Inspirez-vous de l'expérience de la biologie. Apprenez à bien cohabiter avec les personnes que vous rencontrez, quelles que soient leur couleur de peau, leur origine, leur religion. Découvrez chez chacun d'eux ce qu'il y a de meilleur et concentrez-vous sur cela. Nous pouvons apprendre de leurs cultures pour enrichir notre savoir. Avoir peur de l'étranger, construire des murs pour se protéger, c'est se rendre vulnérable. C'est rentrer dans le cycle de la méfiance et de la peur, synonyme de stress et de réduction de notre durée de vie en bonne santé. Prenons encore l'exemple de ceux qui passent leur temps à s'apitoyer sur eux-mêmes : ce comportement toxique les abîme de l'intérieur. Cette attitude leur ôte chaque jour un peu plus de leur force vitale pour avancer. Il faut savoir se forcer pour pouvoir se dépasser. Il faut oser déclencher son énergie d'activation pour décoller et vaincre les attractions délétères qui nous clouent au sol. On vous pose tous les jours cette question : « Comment ça va ? » Chaque matin, prenez des nouvelles de votre état et répondez par ce qu'il y a de mieux dans votre vie.

**Pour la toute première fois
depuis le début de l'humanité**

Vous aviez une chance sur 400 milliards de naître tel que vous êtes, avec vos caractéristiques et votre code génétique. Vous êtes un miracle. À partir de ce constat statistique qui vous rend unique, vous devez faire de votre vie un chef-d'œuvre. Les pensées positives influent sur le bon fonctionnement du corps et sur une santé heureuse. Se concentrer sur le meilleur de vous-même et de ce qui vous entoure crée une onde bienveillante qui vous rendra heureux.

• DÉCIDEZ DE NE PAS ÊTRE HEUREUX
POUR DEVENIR HEUREUX

La société et notre entourage nous inculquent des recettes toutes faites pour être heureux. Nous devons absolument les

suivre, sinon notre vie sera malheureuse. Pourtant, la mélanco-
lie, qui n'est plus de mise aujourd'hui, c'est aussi le bonheur
d'être triste pour soi. Il existe des fragilités invincibles. Vous
pouvez avoir des larmes plein les yeux et être d'une force
impassible. Plusieurs études scientifiques ont prouvé que la
tristesse agissait comme un révélateur, en permettant aux personnes de faire un bilan de leur vie et de digérer leurs erreurs
pour être plus fortes. Ces recherches remettent d'ailleurs en
cause le recours systématique aux médicaments, qui empêche-
rait cet élan vital.

Il y a cinquante ans, le deuil était plus ostensible : on portait
des habits noirs pendant longtemps et on apercevait même des
rideaux noirs à l'entrée des immeubles quand un habitant était
décédé. Aujourd'hui, l'employeur donne trois jours de congé
en cas de décès d'un proche et on s'efforce de vite passer à
autre chose. Les temps de deuil ne sont pas respectés.

La société nous pousse à adopter des stéréotypes du bonheur. Les relations amoureuses deviennent de plus en plus
éphémères, avec des partenaires toujours plus exigeants. À
la moindre contrariété, ils « zappent », comme devant le pro-
gramme télé. De nouvelles applications de rencontre telles
Tinder proposent de trouver quelqu'un le plus rapidement possible en passant d'une photo à l'autre. À force de changer
inlassablement, on finit par ressentir une profonde tristesse.
Aucune relation ne peut réellement s'épanouir car elle reste
superficielle. Se forcer à se dire que l'on est heureux alors
qu'on ne l'est pas fait du mal. On doit apprendre à rester
authentique dans toutes les situations : pleurer sans remords
lorsqu'on est triste et rire quand les choses vont bien. Nous
devons accepter les écueils de la vie qui donnent de l'intensité
au quotidien.

Il est où le bonheur ?

La publicité braque constamment ses projecteurs sur des personnes baignant dans un supposé bonheur, nous enjoignant à les prendre comme modèles et à consommer. Si vous achetez ce parfum chic, vous deviendrez irrésistible. Une nouvelle voiture fera de vous une personne accomplie. Le portable dernier cri vous rendra connecté en permanence. Les études de marché soulignent qu'en achetant des biens de consommation comme une télévision ou une automobile, on bénéficie certes d'un bonheur immédiat, mais éphémère. À l'inverse, les voyages procurent une satisfaction sur le moyen et long terme. C'est d'ailleurs la tendance de la nouvelle génération, qui préfère vivre une expérience personnelle riche de sens plutôt que d'acquérir des biens. Sur les réseaux sociaux à leur tour, les gens étalent leur bonheur factice, complexant d'autres utilisateurs qui finissent par croire que leurs vies sont fades et sans intérêt par contraste.

Décider de ne pas être heureux à tout prix en refusant ces schémas préconçus, c'est faire un pas décisif vers l'épanouissement. Vous ne ferez pas vos choix par rapport à des spots publicitaires répétés, mais en fonction de vos valeurs profondes, même si elles ne collent pas du tout à la conception du bonheur proposée par la société. Vous détenez cette force en vous qui vous rendra libre. Observez les personnes autour de vous raconter « leur histoire ». Cette dernière est trop souvent tournée vers le passé et les regrets, ou à l'inverse sur la fierté ressentie d'avoir dépassé les difficultés. Le récit est toujours le même et enferme le sujet dans une boîte dont il ne peut pas s'extraire. Quand on vous demande de faire part de votre vie, ne parlez que du présent ou du futur. Vous pourrez toujours réécrire le passé autrement quand vous en serez justement libéré en devenant vous-même.

*Se forcer à être heureux à tout prix
aboutit à se rendre très malheureux*

La vie, c'est comme un parfum. Le matin, vous vous aspergez d'une odeur que vous adorez et une demi-heure plus tard, vous ne sentez plus rien. Si vous partez en vacances chaque année au même endroit, la beauté du paysage risque, à la longue, de ne plus vous toucher autant. La répétition des sensations agréables d'une manière générale les amenuise à long terme. Il est pourtant naturel d'aller vers la répétition ; on ne veut pas abandonner ce qui nous donne du plaisir et de la joie, à l'image d'enfants ayant envie de crier « encore, encore, encore… » Et quand ça cesse, on recherche le plus vite possible à reproduire ces moments privilégiés. Pourtant, nous fonctionnons avec des récepteurs au plaisir qui, stimulés de façon répétitive, finissent par saturer. Ils ne transmettent plus grand-chose. C'est la nouveauté qui génère les hormones du plaisir et allume dans notre cerveau les zones de la jouissance. Choisissez une activité quotidienne pendant les vacances et des moments de relaxation intenses pendant l'année. Je n'ai pas utilisé le mot « travail », qui sous-entend une contrainte, mais le terme « activité » qui génère la vie. Ainsi, les vacances ne deviendront pas un temps gaspillé sans vraie joie, mais elles se dégusteront en donnant du relief aux journées, à l'inverse du désœuvrement qui épuise sans raison avec un parfum de déprime. Face à un monde incertain, ces routines constituent des sortes de points d'appui qui apaisent en surface. Mais, en même temps, elles nous rendent vulnérables. Nous perdons doucement de l'altitude sans nous en apercevoir. Notre faculté d'adaptation se réduit. Nous perdons la clé de notre survie.

Mon métier de médecin, c'est de tout faire pour prolonger le plus longtemps possible la vie en bonne santé. Oui, je

considère que toute mort avant 120 ans est une mort préma-
turée. Je me fais souvent apostropher par des personnes qui
m'avouent : « Moi, vivre jusqu'à 120 ans, cela ne m'intéresse
pas du tout. À quoi bon ? Je finirais par m'ennuyer » ou « Je
préfère mourir de ma belle mort plus tôt, mais en ayant bien
profité. » Justement, la notion de « mourir de sa belle mort »
en ayant brûlé la chandelle par les deux bouts est en fait très
rare. Un mode de vie où l'on accumule les facteurs de risque
aboutit à des maladies où l'on meurt lentement en ayant perdu
jusqu'à vingt ans de qualité de vie. À propos de ces sujets ne
souhaitant pas mourir très vieux, je me demande toujours s'ils
ne font pas sans le savoir une dépression masquée. J'ai observé
en effet que ces individus tendent à avoir un quotidien très
routinier. Si vos jours, vos mois et vos années se ressemblent,
il ne faut pas s'étonner d'être lassé et d'avoir envie de lâcher
prise. De la répétition émane une sorte de pulsion de mort.
Ne plus oser s'ouvrir à la nouveauté, c'est déjà commencer à
mourir à petit feu.

• LE MYSTÈRE DE BALI

Bali est une île d'Indonésie située entre les îles de Java et
de Lombok. Sa population est d'environ 4 millions d'habitants,
pour la grande majorité hindouistes. Les balians sont ceux qui
soignent à la fois le corps et l'esprit des Balinais. Il s'agit d'une
médecine traditionnelle très fortement implantée dans l'île. Pour
preuve, on compte quatre fois plus de balians que de médecins. L'eau est utilisée pour chasser les pensées négatives, de
même que les bains purificateurs. Pour les balians, la maladie
est la résultante de causes invisibles qu'il faut mettre au jour
pour guérir, au même titre que les déséquilibres générateurs

de pathologies. Il s'agit d'une approche en profondeur, où le soignant prie pour celui qu'il soigne, rétablissant ainsi le lien entre l'homme et les dieux. C'est une médecine où il n'existe pas de traces écrites : elle se transmet oralement entre balians, de génération en génération. Située à l'opposé de la médecine actuelle, elle ne la rejette pourtant pas : quand les balians pensent qu'ils n'arriveront pas à guérir leur patient, ils leur recommandent d'aller chez le médecin. Les balians travaillent sur les énergies, considérant chaque sujet comme une globalité. Leur démarche est d'aider celui qui ne va pas bien à retrouver une cohérence entre ce qu'il est et ce qu'il vit. En levant le voile sur ses tensions et ses angoisses sans jamais juger, ils le font progresser doucement vers un véritable équilibre.

Je suis parti rencontrer les balians pour mieux saisir leur approche. En passant de longues journées à leurs côtés, j'ai découvert qu'ils s'intéressaient en priorité à tout ce qui pouvait générer des maladies, afin de comprendre, aider et prévenir d'autres pathologies. Les résultats sont passionnants. Les patients rentrent en résonance avec le soignant, pour ne former qu'un tout. Pour les balians, notre corps représente un petit monde à l'image de l'univers qui nous entoure ; nous devons être en harmonie avec les deux. Ces soignants se définissent souvent comme des intermédiaires entre le patient et la sphère cosmique pour rétablir l'équilibre. Ils proposent un rite initiatique afin de passer du monde de la maladie à celui de la bonne santé. Pour cela, ils mettent en connexion tout ce qui environne le patient : famille, maison, travail, poids de ses ancêtres et de son histoire. Les balians représentent un pont entre le monde extérieur et le monde intérieur du sujet. La maladie est la résultante d'un problème entre les deux. Le soignant va aider à mettre au jour ce qui n'est pas dit.

Comme médicaments, les balians utilisent des plantes, des racines, certaines épices... J'ai été surpris de constater à quel point les massages avaient de l'importance dans le soin. Le massage balinais résulte d'un mélange de techniques issues des médecines ayurvédique, chinoise et thaïlandaise. Il dénoue les tensions, apaise le corps et l'esprit. C'est une relaxation profonde, du sommet de la tête jusqu'aux doigts de pieds. Au cours de ces massages, une place est réservée aux élongations et aux étirements, pour conserver les articulations souples et fonctionnelles, comme si ces séances empêchaient les articulations de « geler ». Le bien-être et le bonheur s'inscrivent aussi dans une mobilité non douloureuse. Pouvoir bouger facilement fait en effet partie de la joie de vivre. C'est un élément que nous avons tendance à oublier dans nos sociétés. Nous commençons à nous occuper de nos articulations uniquement quand elles deviennent douloureuses, ayant recours la plupart du temps à des réponses médicamenteuses. Dans ce cadre, des chercheurs japonais viennent de mettre en évidence un lien entre des douleurs d'un ou des deux genoux et la dépression. Quand on sait qu'en moyenne 12 % de la population est concernée par ce genre de problème, on comprend tout l'enjeu de la prévention pour maintenir des jeux articulaires en parfait état.

Les balians ne laissent pas sur le bord de la route les petits suicides invisibles

Au contact des balians, j'ai découvert une dimension essentielle de la médecine que je ne connaissais pas. Le fait qu'il n'existe pas de livres sur leur savoir explique cela. Les balians considèrent le patient comme un tout. Pour le soigner ainsi, ils prennent le temps de connaître à la fois son monde intérieur, mais aussi son monde extérieur. Ils recherchent pour commencer les déséquilibres avant de s'intéresser aux symptômes. C'est l'inverse de notre approche actuelle, où un symptôme renvoie à un diagnostic et un médicament, et ainsi de suite.

En Europe, nous mettons des pansements,
à Bali on soigne les causes avant tout

Dans notre approche occidentale, nous traitons les conséquences mais pas les causes profondes à l'origine des maladies.
Nous prescrivons des patchs pour arrêter de fumer, mais ne
recherchons pas les raisons de cette addiction. Nous conseillons
des régimes pour maigrir, sans élucider les facteurs majeurs
qui font qu'une personne ne mange pas pour elle, mais contre
elle. Les balians pénètrent dans le subconscient des personnes
afin de les aider.

J'ai poursuivi mon voyage en Malaisie, proche de l'île de
Bali. J'ai rencontré des soignants traditionnels et ai été fasciné
par leur approche du massage. Cette pratique s'apparente à un
nouveau langage pour mieux communiquer entre soignant et
soigné. J'ai eu l'impression que les soignants ressentaient ce
dont les patients souffraient sans même prononcer un mot. En
se relaxant, les sujets relâchaient leurs tensions musculaires et
les défenses des parois pour laisser apparaître les vrais points
névralgiques. Cette écoute permet à celui traité de ne pas se
sentir isolé dans la douleur, mais en lien avec celui qui le
soulage. Une équipe se forme, pour que l'un puisse sortir la
tête de l'eau.

• LE CHAT MÉDECIN

Les mamans offrent souvent des doudous à leurs enfants : un
nounours, un lapin, un chaton en peluche... Ils aident l'enfant
à s'endormir en le reliant à un monde familier et sécurisant
aussi bien par sa vue, ses odeurs que son toucher. Quand nous

grandissons, nous perdons ces fidèles compagnons que nous traînions partout. Le chat prend parfois la place symbolique qu'ils occupaient. Ses ronronnements rappellent les câlins de maman, qui guérissaient avec amour. Ils reposent, détendent et permettent de se ressourcer. Ceux qui vivent avec un chat savent le côté apaisant et antistress que sa présence procure. Ces félins sont à la fois sauvages et affectueux, tendres et imprévisibles. Ils perçoivent avec subtilité ce que nous ressentons. Leur odorat étant beaucoup plus affûté que le nôtre, ils sentent les odeurs que nous émettons quand nous sommes tendus, anxieux ou que nous souffrons. Pour information, le chat dispose de 200 millions de terminaisons olfactives, quand l'homme n'en possède que 5 millions.

Il n'existe que très peu d'études scientifiques consacrées aux bienfaits de cet animal chez l'être humain. Cela se comprend : on ne peut pas breveter le bénéfice d'une présence comme s'il s'agissait d'un médicament. Pour remédier à ce manque, je me suis particulièrement intéressé aux témoignages de plusieurs de mes patients propriétaires de chats. L'un d'entre eux m'a signalé que grâce à son animal, il avait réussi à se débarrasser de son mal de dos. J'avoue avoir été perplexe. Mais en médecine, il faut savoir rester humble. On apprend beaucoup en écoutant ses patients, surtout quand la médecine classique n'a pas grand-chose à offrir à part des médicaments antalgiques, anti-inflammatoires ou corticoïdes. Voici le mode d'emploi de cette guérison mystérieuse : après avoir placé le chat dans un sac à dos, confortablement installé avec sa tête à l'extérieur, l'animal et son propriétaire effectuaient une marche d'environ une heure. Ses ronrons lui procuraient un bien immense, faisant disparaître totalement contractures et douleurs.

Les bonnes ondes qui guérissent

Pour comprendre, j'ai décidé de poursuivre mes recherches sur les bienfaits du chat. Pour être perceptible par le toucher et l'ouïe, le ronronnement doit émettre une fréquence particulière, entre 30 et 50 Hz. Or, il se trouve que de nombreux appareils de kinésithérapie utilisent ces basses fréquences pour consolider la récupération après une fracture ou une entorse, pour des douleurs lombaires ou des sciatiques. Ces fréquences stimulent de façon harmonieuse la réparation tissulaire, tant au niveau des muscles que des os et déclenchent une autoguérison plus rapide. Si vous avez la chance d'avoir un chat à la maison, faites l'essai, c'est sans aucun danger. Vous pouvez aussi l'inviter à ronronner sur des parties douloureuses de votre corps.

Le chat connaît tous les bienfaits du ronronnement, car il les utilise pour lui-même. Pensez aux félins qui somnolent toute la journée et qui ont des os très solides. Cette vocalisation peut être émise de différentes façons, qui correspondent chacune à des indications précises. Habituellement, ce bruit équivaut à la note « sol » du solfège, mais dans certains cas, les chats peuvent changer de notes, en modulant si nécessaire le do, ré, mi, fa, sol, la, si. La gamme des ronronnements peut alors se situer entre 20 et 140 Hz. Avec sept notes différentes et une échelle de fréquence qui atteint 140 Hz, c'est comme si le chat pouvait fabriquer des médicaments précis en fonction du symptôme ressenti par son maître.

Je ne peux m'empêcher de rappeler les travaux du professeur Qureshi qui a étudié pendant vingt ans 4 435 propriétaires de chat. D'après les résultats, ces maîtres présentaient 40 % de moins de décès d'origine cardiovasculaire (infarctus du myocarde, accidents vasculaires cérébraux). En outre, des chercheurs ont noté la corrélation entre présence d'un chat et tension artérielle plus basse, de même qu'un niveau du stress et d'anxiété plus faibles. Les propriétaires de chats enfin bougeaient davantage et étaient moins sujets aux allergies. La présence du félin augmente donc l'espérance de vie en bonne santé et génère un apaisement que des pilules contre l'anxiété n'apportent pas. Je regrette d'ailleurs, en souriant, que l'alimentation et les soins prodigués par le chat domestique ne soient pas remboursés par la Sécurité sociale ! Les 13 millions de propriétaires en France sont de sacrés chanceux. Avoir un chat permet de dialoguer avec un autre langage que seuls un maître et son animal peuvent comprendre. Il se crée entre eux un espace secret pour se faire du bien mutuellement.

• CHANGER SON ÉCHELLE DU TEMPS POUR ÊTRE HEUREUX

Le Soleil disparaîtra dans 6 milliards d'années. Nous aurons peut-être bientôt une date plus précise grâce à la sonde Parker lancée par la Nasa, censée traverser l'atmosphère autour du Soleil et résister à une température de 1 300 °C. À l'intérieur de la sonde, la température restera constante, à 29 °C. Ce mini-vaisseau spatial est l'objet le plus rapide jamais créé par l'homme : il avance à 700 000 km/h. Je vous invite à prendre modèle sur la sonde Parker en constituant votre bouclier pour résister aux stress extérieurs. Plus vous aurez compris et analysé ces petites attaques, plus l'armure protectrice sera souple et efficace. Avancez le plus vite possible pour vivre plusieurs vies en une seule. Osez vous lancer des défis impossibles comme de décrocher le Soleil, et croyez-y sans faillir un seul instant.

Des études scientifiques mettent en lumière que les personnes donnant un vrai sens à leur vie vivent plus longtemps et en meilleure santé. Tout se passe comme si elles n'avaient pas le temps d'être malades ou de mourir, face à l'impératif de réaliser leur passion. Elles se reprennent vite en main. Pour résister à une épreuve, nous devons retrouver notre énergie initiale. Imaginez un cyclone qui détruit deux habitations. L'une est constituée de quelques planches de bois empilées au hasard. L'autre, construite en pierres, est solide et dispose des plans précis de l'architecte. Il est impossible de refaire ce premier logis fait de bric et de broc, à l'inverse de l'autre qui pourra être réédifié en renforçant rapidement sa structure. Il en va de même de notre mental. Pour résister aux épreuves, il faut être fort avant qu'elles ne surviennent. La solidité du mental définit notre degré de résistance. Une personne dont la vie a un sens sait ce qui la définit pour pouvoir se reconstituer mentalement après un traumatisme. Pour se reconstruire, il faut bien connaître le modèle que l'on veut reproduire. Parfois, il s'agit d'une activité professionnelle passionnante ; dans d'autres cas votre force reposera sur les personnes chères qui vous entourent.

Dans ma carrière de médecin, j'ai été confronté à une maman atteinte d'un cancer métastasé avec un pronostic très sombre à court terme. Elle était mère célibataire d'un petit garçon de 3 ans. Elle connaissait sa maladie et avait compris ce qui l'attendait. Elle m'a dit un jour : « Je dois tenir envers et contre tout jusqu'à ce qu'il entre à l'université. » Elle a vécu jusqu'à ce que son fils arrive à l'âge de 19 ans. Le sens de sa vie, qui l'animait malgré la tempête, c'était d'apporter chaque jour à son fils un amour immense pour qu'il grandisse dans l'harmonie et le bonheur. Nous disparaîtrons bien avant l'extinction du Soleil. La Terre sera inhabitable dans moins d'un milliard d'années à cause du réchauffement climatique et de l'ébullition des océans. Certains d'entre nous se gâchent pourtant le présent en pensant sans cesse à l'avenir. Imaginez que vous paniquiez en vous demandant ce que vous allez faire quand le Soleil disparaîtra. Que deviendriez-vous ?

• DÉFAITES-VOUS DE L'ADDICTION
À LA BOULE DE CRISTAL

À trop se projeter dans le futur, on se cloue au sol en s'empêchant d'avancer. Vouloir anticiper l'avenir à tout prix provoque une montée de l'anxiété qui finit par s'installer comme une toile de fond permanente. Si c'est votre tendance, je vous propose de vous défaire de cette addiction à la boule de cristal. Revenez sur les faits imprévisibles de votre vie, les rencontres qui ont tout changé. Pensez à l'adolescent que vous étiez et qui anticipait son avenir. Comparez-le à votre vie aujourd'hui : cela n'a rien à voir. Pour terminer cette cure de désintox du futur, regardez les actualités depuis cinquante ans et reconnaissez à quel point le monde a changé, avec l'arrivée d'Internet par exemple. Pensez aussi à toutes les évolutions qui ont modifié votre vie : les cartes Michelin au GPS, le nouveau commerce où l'on peut tout vendre, les informations en temps réel, les maisons ou les voitures partagées... Une révolution, ce n'est pas forcément une guerre. En vivant intensément le présent, vous deviendrez beaucoup plus sensible aux signaux annonciateurs des prochains changements. Vous réveillerez votre instinct animal de survie. C'est en entrant en résonance avec le présent que vous saurez comment anticiper l'avenir sans la moindre anxiété.

Entre nous

Connaître ce qui est vital pour soi, c'est augmenter son espérance de vie, son bonheur et sa santé. En suivant cette voie, vous éviterez de vous imposer des règles d'hygiène de vic inutiles, pour mettre en action celles qui vous protègent efficacement des maladies. Les recherches montrent que vous êtes plus fort que la génétique. Donnez à votre corps les chances de s'autoguérir en vous offrant une hygiène de vie performante. N'abîmez pas votre belle machine humaine pour rien. Au niveau du mental, il est tout aussi essentiel de savoir ce qui est bénéfique. Vous donnerez ainsi du sens à votre existence. Un objectif stimulant active vos défenses immunitaires et offre un bouclier protecteur. Allez vers ce qui vous attire, vous passionne, vous fait oublier le temps. Même si des forces étranges vous poussent dans des directions qui vous surprennent, avancez et cherchez votre voie. Ne vous épuisez pas à ressembler à ce que vous n'êtes pas. Restez toujours en mouvement. Cette démarche est étroitement liée à une augmentation de l'espérance de vie en bonne santé. Le bonheur est un équilibre instable qu'il faut sans cesse réinventer. C'est le changement qui fait sécréter les hormones du bien-être. Si le mouvement vous fait peur, sachez que la routine vous détruit. C'est en marchant que vous rechargez vos batteries. Elles se vident en cas d'arrêt prolongé. C'est en découvrant de nouveaux amis, paysages et centres d'intérêt que vous stimulerez votre créativité, votre intelligence et votre joie de vivre. Quand il y a une volonté, il y a un chemin. Tout est possible si vous désirez avec intensité ce qui vous correspond vraiment.

Je le reconnais, j'écris les livres que j'aurais envie de lire. Quand je détecte des innovations, je suis impatient de vérifier si les études scientifiques les cautionnent. Je suis alors heureux de vous les transmettre. J'espère vous avoir aidé à créer un nouvel espace de liberté pour vous construire une santé de fer. Bienvenue dans votre nouvel espace vital !

Bibliographie

L'hygiène

Amarenco G, Sénéjoux A, *Pathologie des toilettes*, Springer, 2012.

Clark BC, Mahato NK, Nakazawa M *et al.*, « The power of the mind : the cortex as a critical determinant of muscle strength/weakness », *J Neurophysiol* 2014 Dec 15,112(12), p. 3219-26.

Foxman EF, Storer JA, Fitzgerald ME *et al.*, « Temperature-dependent innate defense against the common cold virus limits viral replication at warm temperature in mouse airway cells », *Proc Natl Acad Sci USA* 2015 Jan 20, 112(3), p. 827-32.

Ganio MS, Armstrong LE, Casa DJ *et al.*, « Tex, mild dehydration impairs cognitive performance and mood of men », *Br J Nutr* 2011 Nov, 106(10), p. 1535-43.

Kassotis CD, Hoffman K, Stapleton HM, « Characterization of adipogenic activity of house dust extracts and semi-volatile indoor contaminants in 3T3-L1 cells », *Environ Sci Technol* 2017 Aug 1, 51(15), p. 8735-45.

Lebon F, Collet C, Guillot A, « Benefits of motor imagery training on muscle strength », *J Strength Cond Res* 2010 Jun, 24(6), p. 1680-7.

McGinley KJ, Larson EL, Leyden JJ, « Composition and density of microflora in the subungual space of the hand », *J Clin Microbiol* 1988 May, 26(5), p. 950-3.

Peper E, Harvey R, Mason L *et al.*, « Do better in math : how your body posture may change stereotype threat response », *NeuroRegulation* 2018, 5(2), p. 67.

Pommergaard HC, Burcharth J, Fischer A *et al.*, « Flatulence on airplanes : just let it go », *N Z Med J.* 2013 Feb 15, 126(1369), p. 68-74.

Rubin AD, Praneetvatakul V, Gherson S *et al.*, « Laryngeal hyperfunction during whispering : reality or myth ? », *J Voice* 2006 Mar, 20(1), p. 121-7.

Söder B, Yakob M, Meurman JH *et al.*, « The association of dental plaque with cancer mortality in Sweden. A longitudinal study », *BMJ Open* 2012 Jun 11, 2(3), e001083.

Watson P, Whale A, Mears SA *et al.*, « Mild hypohydration increases the frequency of driver errors during a prolonged, monotonous driving task », *Physiol Behav* 2015, 147, p. 313-18.

L'alimentation

Anderson RM, Le Couteur DG, de Cabo R, « Caloric restriction research : new perspectives on the biology of aging », *The Journals of Gerontology : Series A* 2018, 73(1), p. 1-3.

Ashton K, Bellis MA, Davies AR *et al.*, « Do emotions related to alcohol consumption differ by alcohol type ? An international cross-sectional survey of emotions associated with alcohol consumption and influence on drink choice in different settings », *BMJ Open* 2017 Nov 20, 7, e016089.

Boekema PJ, Samsom M, van Berge Henegouwen GP *et al.*, « Coffee and gastrointestinal function : facts and fiction. A review », *Scand J Gastroenterol Suppl* 1999, 230, p. 35-9.

Brunt VE, Howard MJ, Francisco MA *et al.*, « Passive heat therapy improves endothelial function, arterial stiffness and blood pressure in sedentary humans », *J Physiol* 2016 Sep 15, 594(18), p. 5329-42.

Bibliographie

Carrillo AE, Flynn MG, Pinkston C *et al.*, « Impact of vitamin D supplementation during a resistance training intervention on body composition, muscle function, and glucose tolerance in overweight and obese adults », *Clin Nutr* 2013 Jun, 32(3), p. 375-81.

Champagne CD, Boaz SM, Fowler MA *et al.*, « A profile of carbohydrate metabolites in the fasting northern elephant seal », *Comp Biochem Physiol Part D Genomics Proteomics* 2013 Jun, 8(2), p. 141-51.

Daly M, « Association of ambient indoor temperature with body mass index in England », *Obesity (Silver Spring)* 2014 Mar, 22(3), p. 626-9.

Diano S, Farr SA, Benoit SC *et al.*, « Ghrelin controls hippocampal spine synapse density and memory performance », *Nat Neurosci* 2006 Mar, 9(3), p. 381-8.

Ely BR, Clayton ZC, McCurdy CE *et al.*, « Heat therapy decreases adipose tissue inflammation and improves insulin signaling in polycystic ovary syndrome », *The Faseb Journal*, 2018 Apr 20, abstract number 853.10.

Fenske W, Refardt J, Chifu I, « A copeptin-based approach in the diagnosis of diabetes insipidus », *N Engl J Med* 2018, 379, p. 428-39.

Gabel K, Hoddy KK, Haggerty N *et al.*, « Effects of 8-hour time restricted feeding on body weight and metabolic disease risk factors in obese adults : a pilot study », *Nutr Healthy Aging* 2018 Jun 15, 4(4), p. 345-53.

Garaycoechea JI, Crossan GP, Langevin F *et al.*, « Alcohol and endogenous aldehydes damage chromosomes and mutate stem cells », *Nature* 2018 Jan 11, 553, p. 71-177.

Haldavnekar RV, Tekur P, Nagarathna R *et al.*, « Effect of yogic colon cleansing (Laghu Sankhaprakshalana Kriya) on pain, spinal flexibility, disability and state anxiety in chronic low back pain », *Int J Yoga* 2014 Jul, 7(2), p. 111-9.

Hooper PL, « Hot-tub therapy for type 2 diabetes mellitus », *N Engl J Med* 1999 Sep 16, 341(12), p. 924-5.

Horne BD, Muhlestein JB, Anderson JL, « Health effects of intermittent fasting : hormesis or harm ? A systematic review », *Am J Clin Nutr* 2015 Aug, 102(2), p. 464-70.

Jiang J, Emont MP, Jun H *et al.*, « Cinnamaldehyde induces fat cell-autonomous thermogenesis and metabolic reprogramming », *Metabolism* 2017, 77, p. 58-64.

Kniffin KM, Sigirci O, Wansink B, « Eating heavily : men eat more in the company of women », *Evolutionary Psychological Science* 2016 March, 2(1), p. 38-46.

Kohara K, Tabara Y, Ochi M *et al.*, « Habitual hot water bathing protects cardiovascular function in middle-aged to elderly Japanese subjects », *Sci Rep* 2018, 8, article number 8687.

Lovallo WR, Whitsett TL, al'Absi M *et al.*, « Caffeine stimulation of cortisol secretion across the waking hours in relation to caffeine intake levels », *Psychosom Med* 2005, 67(5), p. 734-39.

Maharlouei N, Tabrizi R, Lankarani KB *et al.*, « The effects of ginger intake on weight loss and metabolic profiles among overweight and obese subjects : a systematic review and meta-analysis of randomized controlled trials », *Crit Rev Food Sci Nutr* 2018 Feb 2, p. 1-14.

Mansour MS, Ni YM, Roberts AL *et al.*, « Ginger consumption enhances the thermic effect of food and promotes feelings of satiety without affecting metabolic and hormonal parameters in overweight men : a pilot study », *Metabolism* 2012 Oct, 61(10), p. 1347-52.

Marhuenda J, Medina S, Martínez-Hernández P *et al.*, « Melatonin and hydroxytyrosol protect against oxidative stress related to the central nervous system after the ingestion of three types of wine by healthy volunteers », *Food Funct* 2017 Jan 25, 8(1), p. 64-74.

Mihaylova MM, Cheng CW, Cao AQ *et al.*, « Fasting activates fatty acid oxidation to enhance intestinal stem cell function during homeostasis and aging », *Cell Stem Cell* 2018 May 3, 22(5), p. 769-78.

Nakata R, Kawai N, « The « social » facilitation of eating without the presence of others : self-reflection on eating makes food taste better and people eat more », *Physiol Behav* 2017 Oct 1, 179, p. 23-9.

Nguyen V, Cooper L, Lowndes J *et al.*, « Popcorn is more satiating than potato chips in normal-weight adults », *Nutr J* 2012, 11, p. 71.

Ondrusova K, Fatehi M, Barr A *et al.*, « Subcutaneous white adipocytes express a light sensitive signaling pathway mediated via a melanopsin/TRPC channel axis », *Sci Rep* 2017 Nov 27, 7(1), article number 16332.

Rondanelli M, Giacosa A, Orsini F *et al.*, « Appetite control and glycaemia reduction in overweight subjects treated with a combination of two highly standardized extracts from *Phaseolus vulgaris* and *Cynara scolymus* », *Phytother Res* 2011 Sep, 25(9), p. 1275-82.

Saeidifard F, Medina-Inojosa JR, Supervia M *et al.*, « Differences of energy expenditure while sitting versus standing : a systematic review and meta-analysis », *Eur J Prev Cardiol* 2018 Mar, 25(5), p. 522-38.

Salehpour A, Hosseinpanah F, Shidfar F *et al.*, « A 12-week double-blind randomized clinical trial of vitamin D supplementation on body fat massin healthy overweight and obese women », *Nutr J.* 2012 Sep 22, 11, p. 78.

Shojaie M, Ghanbari F, Shojaie N, « Intermittent fasting could ameliorate cognitive function against distress by regulation of inflammatory response pathway », *J Adv Res* 2017 Nov, 8(6), p. 697-701.

Sullivan WR, Hughes JG, Cockman RW *et al.*, « The effects of temperature on the crystalline properties and resistant starch during storage of white bread », *Food Chem* 2017 Aug 1, 228, p. 57-61.

Sun M, Feng W, Wang F *et al.*, « Meta analysis on shift work and risks of specific obesity types », *Obes Rev* 2018 Jan, 19(1), p. 28-40.

Suzuki E, Yorifuji T, Takao S *et al.*, « Green tea consumption and mortality among Japanese elderly people : the prospective Shizuoka elderly cohort », *Ann Epidemiol* 2009 Oct, 19(10), p. 732-9.

Vuong QV, Tan SP, Stathopoulos CE *et al.*, « Improved extraction of green tea components from teabags using the microwave oven », *Journal of Food Composition and Analysis* 2012 Aug, 27(1), p. 95-101.

Witte AV, Fobker M, Gellner R *et al.*, « Caloric restriction improves memory in elderly humans », *Proc Natl Acad Sci USA* 2009 Jan 27, 106(4), p. 1255-60.

Zamaratskaia G, Johansson DP, Junqueira MA *et al.*, « Impact of sourdough fermentation on appetite and postprandial metabolic responses – a randomised cross-over trial with whole grain rye crispbread », *Br J Nutr* 2017 Nov, 118(9), p. 686-97.

Le sommeil

Åkerstedt T, Ghilotti F, Grotta A *et al.*, « Sleep duration and mortality – Does weekend sleep matter ? », *Journal of Sleep Research* 2018, e12712.

Faraut B, Nakib S, Drogou C *et al.*, « Napping reverses the salivary interleukin-6 and urinary norepinephrine changes induced by sleep restriction », *J Clin Endocrinol Metab* 2015 Mar, 100(3), e416-26.

Hofer MK, Collins HK, Whillans AV *et al.*, « Olfactory cues from romantic partners and strangers influence women's responses to stress », *J Pers Soc Psychol* 2018 Jan, 114(1), p. 1-9.

Prather AA, Janicki-Deverts D, Hall MH *et al.*, « Behaviorally assessed sleep and susceptibility to the common cold », *Sleep* 2015 Sep 1, 38(9), p. 1353-9.

Sagaspe P, Taillard J, Chaumet G *et al.*, « Aging and nocturnal driving : better with coffee or a nap ? A randomized study », *Sleep* 2007 Dec, 30(12), p. 1808-13.

Stanchina ML, Abu-Hijleh M, Chaudhry BK *et al.*, « The influence of white noise on sleep in subjects exposed to ICU noise », *Sleep Med* 2005 Sep, 6(5), p. 423-8.

Wang X, Chen Q, Zou P *et al.*, « Sleep duration is associated with sperm chromatin integrity among young men in Chongqing, China », *J Sleep Res* 2018 Aug, 27(4), e12615.

Bibliographie

La sexualité

Barratt EL, Davis NJ, « Autonomous Sensory Meridian Response (ASMR) : a flow-like mental state », *PeerJ* 2015 Mar 26, 3, e851.

Benton D, Donohoe RT, « The effects of nutrients on mood », *Public Health Nutr* 1999 Sep, 2(3A), p. 403-9.

Dunbar RI, Baron R, Frangou A *et al.*, « Social laughter is corre-lated with an elevated pain threshold », *Proc Biol Sci* 2012 Mar 22, 279(1731), p. 1161-7.

Eichel EW, Eichel JD, Kule S, « The technique of coital alignment and its relation to female orgasmic response and simultaneous orgasm », *J Sex Marital Ther* 1988 Summer, 14(2), p. 129-41.

Guess MK, Connell KA, Chudnoff S *et al.*, « The effects of a genital vibratory stimulation device on sexual function and genital sen-sation », *Female Pelvic Med Reconstr Surg* 2017 Jul/Aug, 23(4), p. 256-62.

Hellier V, Brock O, Bakker J, « Female sexual behavior in mice is controlled by kisspeptin neurons », *Nature Communications* 2018 Jan 26, 9, article number 400.

Helwig NE, Sohre NE, Ruprecht MR *et al.*, « Dynamic properties of successful smiles », *PLoS One* 2017 Jun 28, 12(6), e0179708.

Herbenick D, Fortenberry JD, « Exercise-induced orgasm and plea-sure among women », *Sexual and Relationship Therapy* 2011, special issue : *The Human Orgasm*, 26(4), p. 373-88.

Herbenick D, Reece M, Sanders S *et al.*, « Prevalence and charac-teristics of vibrator use by women in the United States : results from a nationally representative study », *J Sex Med* 2009 Jul, 6(7), p. 1857-66.

Hu Q, Zhu W, Zhu Y *et al.*, « Acute effects of warm footbath on arterial stiffness in healthy young and older women », *Eur J Appl Physiol* 2012 Apr, 112(4), p. 1261-8.

Kheirkhah M, Vali Pour NS, Nisani L *et al.*, « Comparing the effects of aromatherapy with rose oils and warm foot bath on anxiety in the first stage of labor in nulliparous women », *Iran Red Crescent Med J* 2014 Sep, 16(9), e14455.

Khoshnam SE, Farbood Y, Moghaddam HF *et al.*, « Vanillic acid attenuates cerebral hyperemia, blood-brain barrier disruption and anxiety-like behaviors in rats following transient bilateral common carotid occlusion and reperfusion », *Metab Brain Dis* 2018 Jun, 33(3), p. 785-93.

López-Sobaler AM, Aparicio Vizuete A, Ortega Anta RM, « Nutritional and health benefits associted with kiwifruit consumption », *Nutr Hosp* 2016 Jul 12, 33(Suppl 4), p. 340.

Meltzer AL, Makhanova A, Hicks LL *et al.* « Quantifying the sexual afterglow : the lingering benefits of sex and their implications for pair-bonded relationships », *Psychol Sci* 2017 May, 28(5), p. 587-98.

Moraes MM, Rabelo PCR, Pinto VA *et al.*, « Auditory stimulation by exposure to melodic music increases dopamine and serotonin activities in rat forebrain areas linked to reward and motor control », *Neurosci Lett* 2018 Feb 27, 673, p. 73-8.

Nelson EE, Lau JY, Jarcho JM, « Growing pains and pleasures : how emotional learning guides development », *Trends Cogn Sci* 2014 Feb, 18(2), p. 99-108.

Oschman JL, Chevalier G, Brown R, « The effects of grounding (earthing) on inflammation, the immune response, wound healing, and prevention and treatment of chronic inflammatory and autoimmune diseases », *J Inflamm Res* 2015, 8, p. 83-96.

Prause N, Kuang L, Lee P *et al.*, « Clitorally stimulated orgasms are associated with better control of sexual desire, and not associated with depression or anxiety, compared with vaginally stimulated orgasms », *J Sex Med* 2016 Nov, 13(11), p. 1676-85.

Redd WH, Manne SL, Peters B *et al.*, « Fragrance administration to reduce anxiety during MR imaging », *J Magn Reson Imaging* 1994 Jul-Aug, 4(4), p. 623-6.

The Endocrine Society, « Low sperm count not just a problem for fertility. New research links sperm count to other health problems », *Science Daily* 2018 March 18.

Weigmann K, « Feel the beat : music exploits our brain's ability to predict and the dopamine-reward system to instill pleasure », *EMBO Rep* 2017 Mar, 18(3), p. 359-62.

Wright H, Jenks RA, Demeyere N, « Frequent sexual activity predicts specific cognitive abilities in older adults », *J Gerontol B Psychol Sci Soc Sci* 2017 Jun 21.

Yang HL, Chen XP, Lee KC *et al.*, « The effects of warm-water footbath on relieving fatigue and insomnia of the gynecologic cancer patients on chemotherapy », *Cancer Nurs* 2010 Nov-Dec, 33(6), p. 454-60.

La prévention du vieillissement

Agrawal D, Kern M, Edeani F *et al.*, « Swallow strength training exercise for elderly : a health maintenance need », *Neurogastroenterol Motil* 2018 Oct, 30(10), e13382.

Alharbi WDM, Azmat A, Ahmed M., « Comparative effect of coffee robusta and coffee arabica (Qahwa) on memory and attention », *Metab Brain Dis* 2018 Aug, 33(4), p. 1203-10.

Ali AM, Poortvliet E, Strömberg R *et al.*, « Polyamines in foods : development of a food database », *Food Nutr Res* 2011 Jan 14, 55.

Childs BG, Gluscevic M, Baker DJ *et al.*, « Senescent cells : an emerging target for diseases of ageing », *Nat Rev Drug Discov* 2017 Oct, 16(10), p. 718-35.

Eisenberg T, Abdellatif M, Schroeder S *et al.*, « Cardioprotection and lifespan extension by the natural polyamine », *Nat Med* 2016 Dec, 22(12), p. 1428-38.

Gopinath B, Liew G, Kifley A, « Dietary flavonoids and the prevalence and 15-y incidence of age-related macular degeneration », *Am J Clin Nutr* 2018 Aug 1, 108(2), p. 381-7.

Heiland EG, Qiu C, Wang R *et al.*, « Cardiovascular risk burden and future risk of walking speed limitation in older adults », *J Am Geriatr Soc* 2017 Nov, 65(11), p. 2418-24.

LaRocca TJ, Gioscia-Ryan RA, Hearon CM Jr *et al.*, « The auto-phagy enhancer spermidine reverses arterial aging », *Mech Ageing Dev* 2013 Jul-Aug, 134(7-8), p. 314-20.

Molfenter SM, Lenell C, Lazarus CL, « Volumetric changes to the pharynx in healthy aging : consequence for pharyngeal swallow mechanics and function », *Dysphagia* 2018 Jul 23.

Pucciarelli S, Moreschini B, Micozzi D *et al.*, « Spermidine and spermine are enriched in whole blood of nona/centenarians », *Rejuvenation Res* 2012 Dec, 15(6), p. 590-5.

Rahnasto-Rilla M, Tyni J, Huovinen M *et al.*, « Natural polyphe-nols as sirtuin 6 modulators », *Sci Rep* 2018 March, 8(1), article number 4163.

Rippon I, Steptoe A, « Feeling old *vs* being old : associations between self-perceived age and mortality », *JAMA Intern Med* 2015, 175(2), p. 307-9.

Robbins J, Gangnon RE, Theis SM *et al.*, « The effects of lingual exercise on swallowing in older adults », *J Am Geriatr Soc* 2005 Sep, 53(9), p. 1483-9.

Syed-Abdul MM, Hu Q, Jacome-Sosa M *et al.*, « Effect of carbohy-drate restriction-induced weight loss on aortic pulse wave velocity in overweight men and women », *Appl Physiol Nutr Metab* 2018 May 10.

Le bonheur

Aknin LB, Human LJ, « Give a piece of you : gifts that reflect givers promote closeness », *Journal of Experimental Social Psychology* 2015 Sept, 60, p. 8-16.

Digdon N, Koble A, « Effects of constructive worry, imagery distrac-tion, and gratitude interventions on sleep quality : a pilot trial », *Health and Well-Being* 2011 Jul, 3(2), p. 193-206.

Galak J, Givi J, Williams EF, « Why certain gifts are great to give but not to get : a framework for understanding errors in gift giving », *Current Directions in Psychological Science* 2016, 25(6), p. 380-5.

Bibliographie

Harris MA, Brett CE, Johnson W *et al.*, « Personality stability from age 14 to age 77 years », *Psychol Aging* 2016 Dec, 31(8), p. 862-74.

Kleiman EM, Adams LM, Kashdan TB, « Gratitude and grit indirectly reduce risk of suicidal ideations by enhancing meaning in life : evidence for a mediated moderation model », *Journal of Research in Personality* 2013 Oct, 47(5), p. 539-46.

Moser JS, Dougherty A, Mattson WI *et al.*, « Third-person self-talk facilitates emotion regulation without engaging cognitive control : converging evidence from ERP and fMRI », *Sci Rep* 2017 Jul 3, 7(1), article number 4519.

Mund M, Mitte K, « The costs of repression : a meta-analysis on the relation between repressive coping and somatic diseases », *Health Psychol* 2012 Sep, 31(5), p. 640-9.

Qureshi AI, Memon MZ, Vazquez G *et al.*, « Cat ownership and the risk of fatal cardiovascular diseases. Results from the second national health and nutrition examination study mortality follow-up study », *J Vasc Interv Neurol* 2009 Jan, 2(1), p. 132-5.

Rajanala S, Maymone MBC, Vashi NA, « Selfies-living in the era of filtered photographs », *JAMA Facial Plastic Surgery* 2018 Aug 2.

Whillans AV, Dunn EW, Smeets P *et al.*, « Buying time promotes happiness », *PNAS* 2017 August 8, 114 (32), p. 8523-7.

Remerciements

Pour leurs avis d'experts, leurs conseils judicieux, et surtout pour leur amitié qui m'a accompagné pendant la longue rédaction de cet ouvrage, je tiens à remercier mes éditeurs, Lise Boëll et Richard Ducousset, Jean-Yves Bry, le Pr Gérard Friedlander, le Pr Selim Aractingi, le Pr Éric Baratay, le Pr François Rannou, le Pr Emmanuel Masméjean, le Pr Gérard Amarenco, le Dr Luc Pandraud, le Dr Olivier Spatzierer, le Pr Michel Lejoyeux, le Dr Marc Lemaire, le Pr Anh Tuan Dinh-Xuan, le Pr Emmanuel Messas, le Pr Stéphane Oudard, le Pr Romain Coriat, le Pr Serge Stoleru, le Pr Nicolas Thioun, le Pr Michèle Vialette, Léonie, Sixtine, Antonin et Marie Saldmann.

Table

3. LE SOMMEIL

4. LE SEXE

Table

5. VOUS N'AVEZ PAS
LE TEMPS DE VIEILLIR

6. LE BONHEUR QUI SOIGNE

Table

Prenez votre santé en main !,
Albin Michel, 2015

Votre santé sans risque
Albin Michel, 2017

Composition : Nord Compo
Impression en décembre 2018
Éditions Albin Michel
22, rue Huyghens, 75014 Paris
www.albin-michel.fr
ISBN : 978-2-226-39862-8
N° d'édition : 22900/01
Dépôt légal : janvier 2019
Imprimé au Canada chez Marquis Imprimeur inc.